市役所 ワンダーランド

長谷川 博樹
Hasegawa Hiroki

ゆいぽおと

市役所ワンダーランド

長谷川博樹

市役所ワンダーランド　目次

I 事務屋さん

Ⅱ 市長のつもり

Ⅲ 働く楽しみ

Ⅳ 風塵を行く

I

事務屋さん

1　採用

昭和四十八（一九七三）年、私は名古屋市役所に就職した。大学を出て、「何となく選んだ」地方公務員として、最初に配属された職場は土木局の土木事務所だった。

区ごとにある土木事務所は、道路や公園を担当する現場事務所だ。自分の勤務先として全然予想していなかった。しかし、これはどの職場でも同じことだったろう。市役所の組織や勤務地がどんなところにあるか、何も下調べしていなかったのだから。

就職については迷っていた。卒業の年、迷ったあげく留年してしまった。当時の言葉でいうモラトリアム。その頃、就職は売り手市場で、上場企業ぐらいの条件なら、だいたいは入れてもらえたのだが、これが逆に迷う原因になり、結果的に失敗してしまった。

時間には恵まれたので、いろいろなアルバイトをして過ごすうち、しばらく地元の公務員をやってみるか、という気になった。

だから、「何となく選んだ」というのは、照れ隠しではなく、本当の話なのだ。

友人たちには私の就職先が意外だったようで、へえーという顔をされた。数年たってからも、まだ公務員やってるの？　とよく言われたものだ。

採用の初日は、辞令交付式というセレモニーがある。市役所本庁舎の建物は昭和八年完成の文化財だが、その五階の講堂のような広い部屋が辞令交付式の場所、正庁だった。いろいろな職種の新規採用者が、何百人いたか、よくわからない混雑ぶりで、とにかくすごい人数だなという記憶がある。テレビカメラが撮影するなか、市長から代表者に辞令が手渡され、別の代表者が宣誓をする。

憲法を守り、全体の奉仕者として仕事をします、という宣誓だ。

市長から訓示があるが、このときの市長は杉戸清さん。水道の権威として有名なベテラン市長だったが、数週間後の選挙で落選してしまう。昭和四十年代の「革新首長ブーム」に勝てなかったわけだが、このときはまだ現役市長で、こんな話をされた。

「名古屋市役所の予算は、中部電力や東邦ガスの売上げより多い。皆さんは、そういう大企業に就職したのと同じだと思ってよい」

行きたかった大企業に就職できず、市役所にしか入れなかった、と卑下しなくてよい、というつもりだったのだろう。あれ？　ヘンなこと言うなあと思い、それで、今でもこの部分だけは覚えている。当時の、杉戸市長さんの世代からみると、市に就職するのは、大企業に入れてもらえなかった落ちこぼれに見えたのだろうか。

2　土木事務所

新規採用職員は、辞令交付式のあと、それぞれ配属される局や区役所に分かれていく。所属（局・区）の担当者に先導されて、数人から数十人のグループが廊下をゾロゾロ、階段をグルグル、とまるで観光ツアーのように移動する。どこへ行くか言ってくれないので、はぐれないようについて行くしかない。私のグループは、本庁舎の地下から、地下鉄改札を横に見て別の建物（西庁舎）に入り、エレベータで六階まで上がった。

途中、部屋のドアに表示されている部や課の名前が眼に入った。土木局道路部管理課、土木局河川部計画課……どうも私は土木局に入ったようだ。でも、土木局って何をするのだろう、ああそうか、道路とか河川とかなのだ……と思ううち、局長室へ入った。

ここから、局長の辞令交付式で、一人ずつ辞令を手渡される。

（私の採用辞令）

名古屋市事務員に採用する

土木局主事補を命ずる

行政職給料表七等級八号給を給する

一行目で、市事務員という身分を、二行目で土木局主事補の仕事を、三行目で給料の額を明示している。身分・仕事・給料の三点セットが公務員の必要要件で、それをこの辞令で表しているのだが、こうした知識は、後になって教えてもらったことである。

局長から、実際の勤務場所、西土木事務所を通知され、さっそく事務所の車で移動した。市役所や名古屋城に近い、有名ホテルのすぐそばだ。事務所を見たとき、以前にアルバイトをした測量会社の事務所に似ているなと思った。職員の服装も似ている。

採用初日は、いろいろな書類を出さなければいけない。住所届や健康保険など、届書や申請書だ。しかし通勤届はちょっと困った。自宅からの通勤経路を書くのだが、バスの路線図を見てもよくわからない。何しろ、さっき市役所からライトバンで連れて来られた、初めて来た場所なのだ。うーん、とうなっていたら、まあしばらく良いよ、と猶予してもらった。

自分の席も決まり、仕事の話もだいたい終わり、時間があるなら、と簡単な計算を頼まれた。ソロバンをはじいて、タテヨコの集計をする仕事だ。

引き受けたのは良いが、大苦戦。ソロバンなんて長い間やっていないから仕方ない。やり直す度に違う数字が出て、あれ？　あれ？　と言っているうち、五時近くになってきた。

「初日から残業？　もういいよ、今日は止めておこう」

隣の先輩が、軽く言ってくれたので救われた。

散々な初日だったが、また明日、と気軽に思えたのは、この職場のあたたかい雰囲気を感じたからだろう。

3 現場育ち

高校時代の友人、T君のお母さんに配属先をきかれた。このお母さんは、誰彼となく、学歴とか勤め先に興味がある人で、市役所就職は前に言ってあった。土木事務所、と答えると、「まあ！　だから、私が先生に頼んであげるって言ったのに！」とご立腹の様子。

そんな出先にいてはダメだと仰る。実は、議員に口利きを頼む話を私が断っていたのだ。しかし、実際に土木事務所で働いてみて、特に不満もない。バカだね！と言われても、どうもピンとこなかった。

口利きを頼まない方が良かったことは、後に、人事課勤務になってわかる。人事課は口利き情報があると、ムキになって逆らう体質があるのだ。このときは、そんなことも知らなかったが、とにかく、悪いところじゃないから、私はここで良いですよ、と、もう運動をしないようお願いした。

土木事務所は技術職員が中心の職場だ。

事務所には、行政職の技師のほかに、現業員やトラックの運転手などがいた。

技師は安全靴、現業員は地下足袋、運転手はズック靴、というでたちで、それぞれ現場に出かける。事務所は、職員が出たり入ったり、一般の市民や請負業者が来たり、と賑やかだった。

事務職の仕事の多くは、事務所のみなさんが働きやすいよう、サポートすることだ。いわば補給部隊、ロジスティクスだ。職員が自分で作らないといけない書類も作ってあげる。たとえば、「子どもが生まれた」と一言言えば、扶養手当、健康保険、出産祝いなど関係の申請書類を一式、事務のほうで用意し、本人は印を押すだけ、という調子だ。

市内の道路はまだほとんどが砂利道で、連日のように舗装工事や側溝工事をしている時代だ。技術屋は、申請書類なんか心配せずに、現場へ出て頑張っていればよろしい、ということだ。現場をかかえる出先機関だから、余計この傾向が強かったようだ。

仕事のキャリアをいうとき、「〇〇育ち」という表現がある。若い頃の職場、仕事経験を指すわけだが、私の場合は、「土木育ち」、あるいは「現場育ち」ということになる。

その職場にいたというだけで、それほど人が変わることもないが、確かに影響は受ける。職場にはそれぞれの雰囲気、職場風土というものがある。土木事務所でいえば、とにかく現地・現場へ出てリアルに見聞きする、というところがあって、私もその影響を受けたように思う。

いろいろな職種の職員と、日々、気軽に会話していたことも、現場育ちの強みかもしれない。どこへ行っても、気後れせずに雑談ができるのは、この頃の体験のおかげだと思っている。

土木事務所には結局一年いただけだったが、この経歴は意外なほど役に立った。

現場出身、とわかると相手の態度が変わる。この人は現場にいたのか、現場はどんなところか知っている人だ、という無言の効果があるようだ。

4　市民の声を聞くな？

土木事務所で私が担当した仕事の一つに公園の使用許可があった。許可といっても土木事務所でやるのは区内の野球場やテニスコートの利用申し込みを受け付け、その使用料を収入する事務が主だ。公園は誰でも自由に利用できるのが基本だが、野球場などは占用して使うので、使用料をいただくことになっている。

仕事の内容は難しくはない。使いたい場所と日付を書いた申込書――お役所なので「使用許可願」という書類名になっているが――と使用料を現金でもらって、その場で領収書を発行する。その領収書がその日・その公園の使用許可書ということになる。

申し込みは、手書きの台帳で管理していた。Ｂ４サイズの黒い板表紙に黒紐で綴じられたものだ。公園ごとにページが変わり、日付・時間帯別に表になっていて、鉛筆で申込者名を書きこんでいく。

重複受付、ダブルブッキングもないわけではなかった。冷や汗をかいて、平謝りだが、なぜか大らかに許してもらえた。「使わせてもらっているから」、「間違いもご愛敬」などと言ってくれる人もいた。機械処理していないから、そりゃ間違いもあるだろう、という感じなのだ。

一度利用者の声を聞いてみたらどうかと思った。

公園の利用申し込みは、ふつう先着順だったが、人気の高い日曜・休日は月初めに抽選をしていた。毎月一日、朝早くから行列ができる。たくさん場所を確保したい団体は、抽選用に動員をかけるので、かなりの人数が並んで抽選を待っている。この待ち時間に、アンケートを書いてもらえば時間潰しにもちょうどよいかと思ったのだ。

住所地、年代、利用回数など一般的な項目と、自由意見を書けるアンケート用紙を作って、受付で配ったら、皆さん協力してくれた。だいたい予想していた範囲の回答を集計し、解説を加えてまとめてみた。

上司に報告し、事務所内で回覧したら、本庁に見せると良いと言われ、報告に行った。てっきり褒めてもらえると思ったら、全く予想外、大目玉をくらった。

市民の声を聞いてどうする?

要望を聞いて、期待させておいて、お前責任取れるのか?

うーん、本庁の人はそんな風に考えるのか。

その後二十年くらいたって、行政改革の一環で、役所でも「顧客満足度」を考えろということになった。そこで出たアイデアが、区役所窓口に「市民の声アンケート」用紙を置くというもの。ところが区役所から反対の声。

「要望を聞いても責任がとれません」

役所はなかなか変わらない。

5　事務屋さん

市役所採用の二年目からは土木局の総務課勤務になった。

総務課は、庶務係、管理係、経理係、用度係の四係に四十人ほどの職員がいる大きな課だった。私は、職員の人事や給料を扱う管理係に配属になった。この後、長い間関わることになる人事系統の仕事のスタートだった。最初に係長から、「事務屋さん」の役割を教えられた。

「土木局は技術屋が仕事をするところだ。事務屋は、技術屋が働きやすいように、支えるのが仕事だ。縁の下、黒子だと思ってほしい」

それは、土木事務所でだいたいわかっていたので、素直に頭に入った。

旅行命令（出張）を担当したが、役所特有の仕組みになっていて、勉強になった。

民間企業で、今から東京へ行け、と言われれば、ハイとすぐ出張するだろう。上司が行けと言うのだから。しかし、役所はそうはいかない。

まず、予算の枠があるかどうかのチェック、次は文書で旅行命令の決裁だ。決裁が整うと、やっと支出命令書が作られる。こちらは市全体の現金出納を扱う会計から銀行窓口へ回る書類だ。どちらの書類にも何人かがハンコを押す。何が言いたいかというと、「時間がかかる」のだ。

名古屋市が特に丁寧なわけではない。旅費法にならって、同趣旨の条例で運用しているのだ。もう一つの手間は旅費の計算。実費支払いなので、細かく費用を計算する。今のような旅費計算アプリはないので、時刻表と首っ引きで、割引とか、特例とかを調べながら計算する。この頃は、グリーン料金が出る規定だったので、その路線にグリーン車が走っているかどうか、これも時刻表で確認である。出張する職員が調べれば良いのだが、「事務屋は黒子」の原則に従って管理係で書類を整え、現金を手渡すまで担当する。まあ、このほうが効率的ではある。

旅費規定の根底には、「公務員は、決められた勤務場所にいるのが原則で、出張して仕事するのは例外で特別」という考えがある。だから、「例外で特別」を確認するために、多くの書類があるのだ。指定料金やグリーン料金を支給するのも、座席確保に神経を使わせない意味だったようだ。今では実費精算に変わりつつあると聞くので、結構なことである。

担当になった当初は、旅費の計算や決裁の煩雑さに面くらって、出張前に旅費を手渡せないことが多かった。土木局は、補助金申請などで、本当に出張が多いのだ。決裁書類を持ってバタバタと動いていたら、道路部の課長さんに呼び止められた。はっきりモノをいうことで有名な人だ。

「担当が君になってから、旅費が出るのが遅くなったらしいな」

その通りなので、すみません、と頭を下げたら、追い打ちが来た。

「出張前におカネが出ないから、土産も買えないじゃないか」

恐縮しつつも、あれ？　と思った。土産買うために出張するんですか、とは言わなかったが、顔に出たかもしれない。課長さんが察知したのか、プイと横を向いて行ってしまった。

6　板ばさみ

昭和五十（一九七五）年の夏、土木局総務課在籍のまま、総務局の兼務を命じられた。土木局の総務課に来た二年目、二十五歳のときだ。総務局に事務改善チームができて、各局から応援を出すので、その要員になれ、ということだった。市をあげて事務改善の大号令がかかっていたが、まだ行政改革とは言わず、「事務改善」「事務の見直し」と言っていた。

兼務しても、給料は増えないし、仕事が増えて忙しくなったが、そのうち両方の職場を使い分けるペースをつかんだ。体はひとつしかないのだから、倍の仕事はできない、と思えば気が楽だ。知り合いも増えるし、兼務も悪くないな、と思い始めた頃、試練がやってきた。

昭和五十一年正月の新聞朝刊に、市の組織改正の記事が大きく載ったのだ。

「土木事務所を区役所に統合」

記事によれば、事務改善のなかで市の組織も見直すことになり、その目玉だという。

私は事務改善チームにはいたが、まだまだ下っ端で、組織改正などまったく知らされていなかった。それに、チームは分科会に分かれていて、私がいた分科会では組織の検討はしていなかった。一部で検討していたのがスクープされたのか、それとも、世間の反応をみる観測記事だったのか、どっちにしても私個人は全く知らないことだったが、土木局も寝耳に水、大騒ぎになった。兼務していた私は、呼び出され、詰問された。

「なぜこんな案が出てきたのか」

「お前は土木の職員だろ。何の話も伝えずに、何やってるんだ」

つるし上げのように言われても、返事のしようがなかった。

土木局は、組織変更への反論を始めた。区役所に道路の管理ができるか、暴風雨や洪水に対応できるか、そもそも今の状態のどこに問題があるのか。地元、地域の有力者や議員に訴えて、案をつぶしにかかったらしい。

「らしい」というのは、この動きについても私は知らなかったからだ。あの下っ端には言う必要がないと思ったのか、それとも、総務局のスパイと思われて教えなかったか、どっちにしても、総務局の案づくりと同様、土木局の動きは知らなかった。

今度は兼務先の総務局からお叱りがきた。

「土木局がヘンな動きをしているな」

「議員を使うなんて汚いことをするな」

これもただ恐縮して聞いているだけだった。

結局、土木事務所を区役所にトレードする話は立ち消えになった。兼務のために、二つの局の間で、両方から叱られて板ばさみになったが、次は、局のなかで板ばさみにされることになる。

7　失礼なやつ

土木局は、土木事務所を区に移す組織改正案が消えて一安心ではあったが、なぜこの案が出てきたのか知ろうとした。またどこかでこの案が出てくるかもしれない。提案は、土木の仕事をよく知らない、市長のブレーンか、区役所系統の発案だろうか、と犯人捜しになった。

そうしたら、何と、このアイデアは、土木局職員から出たものだということがわかった。

このときの事務改善の大方針は、「職員参加」だった。革新市政らしく、職員一人ひとりの声を反映した民主的な事務改善をしようとしていた。職員のナマの声を尊重せよ、意見にはできるだけ手を加えるな、という指示だった。それで、局幹部が考えてもいなかった提案が出てしまったのだ。提案した当の職員も、軽い気持ちで書いてみただけ、だったようだ。

しかし、局長はショックだったようだ。提出する書類に、局幹部職員がそろって、もちろん自分も含めて、決裁印を押していたのだから。提出書類は膨大なページ数で、提案のひとつひとつに目を通すには大変な量だったから、見落としもあったかもしれない。

それから局長は、事務改善関係の決裁文書には慎重になった。

局長室に呼ばれて、直に指示を受けた。

「ここに、また事務改善の決裁文書がある。部長さんがみな判を押しているが、本当に中身をちゃんと見て判を押したか、聞いて来てほしい」

早速、某部長のところに行った。部長は不在だったので、庶務担当の係長さんに伝えた。

「君は、決裁を何だと思っているのか。印を押した人に中を見たか、なんて失礼じゃないか」

またまた恐縮。返す言葉なく、引き下がってきた。他の部長のところにはもう行かなかった。

この経過を局長にどう報告したか、今では覚えていない。

こうして、まるで嵐の中、荒海に漂う小舟のように、どこに流されるかもわからず、沈没しないだけまし、という散々な目にあった兼務だったが、思い返すと少し不思議な気もする。

それは、いろいろ怒られても、ほとんど抗弁しなかったことだ。自分を正当化したり、いろいろ事情を説明したり、ということをした覚えがない。ただすみません、と謝るだけだった。

きっと言い訳を思いつく知恵もなかったのだろう。

誰でも、経験を積んでくると、自分を守ること、立場を保つことを一生懸命考えるようになる。悪く言われ、評判が落ちるのを恐れて、言い訳を考えるのだ。これはこれで一種の成長だろうが、なんと無駄なエネルギーを使うことか。恐れなくてもよいものを恐れ、ますます疲れる原因を作っているようなものだ。

若い頃、言い訳できずに困っていたほうが、まともだったのかもしれない。

初心忘るべからず。

8　相関係数

行政は法令中心に動いているので、私が大学で学んだ経済学が応用できる場面はめったにない。だが、どこかでチャンスはやってくるものだ。

昭和五十年代に入ると、公務員が多すぎる、定数を減らせという圧力が強まってきた。国も、自治体も、人員削減に取り組んだが、職場の職員配置の不均衡＝アンバランスも課題だった。仕事が増えても増員が難しいので、忙しい職場はますます忙しくなる。その一方で、事務量が変わらない職場は、減員理由がないのでそのままになっている。

そこで、事務量にあった人員配置をめざして、全市の事務量分析をすることになった。これが、私が総務局兼務の理由だったのだが、とても大変な作業だった。

分析の考え方は、事務ごとに設定する処理時間に年間処理件数をかけて、年間の処理時間を出し、それを職員一人の年間の勤務時間で割れば、必要人数が計算できる、というものだ。しかし、「事務ごとの処理時間」なんて設定できるのか、という反発も多かった。仕事の内容、質を無視して、時間だけで比較することに納得できない、というわけだ。根っこには、人減らしのデータづくりに協力したくないという気持ちもあったのだろう。

人の増減は、別の土俵にして、とにかく事務量を出しましょう、と説得して検討に入ったが、事務の種類の多さ、標準時間の考え方などに手間取って、なかなか成果が出なかった。

市全体では難航していたが、自分の所属する土木局ならできそうに思った。なぜなら、土木局には、「技術業務量調査」の実績があったからである。この方式は、

処理時間×件数＝業務量

を基本にしていて、市の事務量分析の、先鞭をつけていたのだ。

実績があったので、その再検討なら良い、とＯＫが出た。土木事務所から検討委員を招集して、工程や単位時間を再設定し、報告書としてまとめることができた。

ここからが統計学の出番である。報告結果をもとに、土木事務所別の人員配置状況をグラフにした。横軸を業務量、縦軸を人員数にして、各事務所の数値を座標にプロットした。業務量が多ければ人員も多いはずだが、多少不均衡が見てとれる。

最小自乗法を使って、相関係数を計算した。計算には、この頃個人的に愛用していたプログラム電卓を使った。標準偏差や相関係数を、こたえ一発！　で簡単に計算してくれた。相関係数は０・８を超えていたので、直線グラフを図に書き入れて、所長会で説明した。

「直線より上の土木事務所は、平均より人が多い、と言えます」

所長さんたちは、最小自乗法が出てくるとは思わなかっただろうが、リーダー格の所長はさすが上手にコメントしてくれた。

「なんかケムに巻かれたみたいだが、実態に合ってるから仕方ないな」

9　名古屋オリンピック招致失敗

名古屋がオリンピック開催に立候補し、決戦投票で、ライバルのソウルに敗れたことを知らない人も増えた。めざしたオリンピックは一九八八（昭和六十三）年、下馬評では、名古屋が有利とされていたが、フタを開けてみるとソウルが予想外の圧勝、二十七対五十二の大差だった。

なぜ名古屋が負けたのか。

私が聞いていたのは、名古屋は、ソウルのような派手な招致活動をしなかったからだというもの。立候補時点から「簡素な運営」を訴えていた名古屋は、招致活動にもカネをかけなかったのが災いしたというのだ。もっとハッキリと「キーセン接待に負けた」と言う人もいた。

市民の反対運動がＩＯＣ委員を動かしたのだ、という人もいるがどうだろう。

鶴舞中央図書館に「名古屋オリンピック招致関係新聞記事（抜粋）」という閲覧資料がある。新聞記事のコピーを製本したもので、当時の流れがわかって興味深い。

候補地を決定するＩＯＣ総会は、一九八一年九月三十日、西ドイツのバーデン＝バーデンで開催された。はじめは名乗りをあげていた、メルボルン、サンパウロ、アテネが次々に撤退、競争相手は韓国のソウルだけになった。新聞は「名古屋不戦勝か」と書き、楽勝ムードが漂った。

当時の韓国は、まだ経済力も弱く、それに南北分断国家は不利と思われていた。米ソ対立が深刻な時期で、一九八〇年のモスクワ大会は、日本、アメリカなど西側諸国がボイコットしていた。ソ連はじめ東側諸国はソウル開催に賛成しないだろう、と予想されていた。

ところが、六月頃から記事の雰囲気が変わってくる。

「ソウルのほうが施設・交通面で上」「予断を許さぬ」「ソウル巻き返し急」

名古屋の準備を紹介する記事と並んで、ライバル都市の追い上げが伝えられるようになる。

ＩＯＣ総会の会場では、ソウルのブースの評判が良かったようだ。ディスプレイがわかりやすく、職員が丁寧に質問に答えた。一方、名古屋はポスターを貼っただけで、地元紙は「名古屋の展示は味気ない、ソウルは魅力的」と伝えている。

また、ソウルは、韓国政府要人が現地入りして、国の支援をアピールしたのに、名古屋の参加者は知事、市長と商工会議所、といったローカルメンバーで、印象が薄かったようだ。

投票の二日前の記事見出しは「名古屋、大勝はムリ　簡素な運動を反省」だった。この記事を書いた記者は、大勝どころか、もう危ない、と感じていたのではないか。

こうして見ると、敗因は、相手の接待攻勢や市民団体の反対運動ではなさそうだ。私には、国際舞台での正攻法のプレゼンの差のように思えてならない。

ところで、もし、総会でソウルに勝ち、オリンピック招致に成功していたら、その後名古屋はどうなっていただろうか。

10　幻の開催

バーデン＝バーデンのＩＯＣ総会で、「名古屋オリンピック」という大魚をつかんでいたら、どんなことになっていただろうか。当時、某ゼネコンに勤めていた友人のＫ君は、名古屋オリンピックが消えたので、東南アジアへ転勤するはめになった、と嘆いていた。建設業界では、当然大きな期待をかけていたのだろう。

名古屋市のオリンピック組織も解散、急に仕事がなくなった職員は配置換えになった。友人のように東南アジアへの転勤はなかったが、畑違いの職場に移って苦労したはずだ。

そういう経歴を持つ先輩から、もし、あのときソウルに勝っていたら、それはそれで問題があったという話を聞いた。ずい分後になってからのことだ。

いちばん大きな問題はメイン会場へのアクセスだった。五万人以上収容のスタジアムを千種区の平和公園内に予定していたが、この周辺には鉄道駅がなかった。構想では、地下鉄名城線の自由が丘駅（当時はまだ計画中）の位置を東に変更することで、スタジアム前駅をつくろうと考えていたらしい。しかし、名古屋駅や名古屋空港から、そこまでどうやって行くのか。名古屋駅から地下鉄を使って平和公園まで行くには、どこかで乗り換える必要があるが、名古屋の地下鉄の車両、ホーム、改札で何万人もの人をさばけるか。都市高速道路は、まだ工事にも入っていなかった。当時、建設省からは、もし開催が本当に決まったら、メイン会場の位置を考え直すべきではないか、と言われていたという。もしそうなら、大変なことになっただろう、という話だ。

先輩の話はここまでだ。

そもそも、名古屋オリンピックは、昭和五十二（一九七七）年の夏、仲谷愛知県知事が商工会議所にヒントをもらって言い出した話だ。経済界主導で、景気よく大きなイベントをやろう、という発想だった。人の良い本山名古屋市長が付き合ってはくれたが、名古屋市民の関心は低いままだった。もし、場所の選び直しとか各地の建設工事が具体的に提案されたら、市民の反応はどうだったか。条件をクリアして開催にこぎつけたか、途中で返上してしまったか。

そこで連想するのが、平成六（一九九四）年の「２００２サッカー・ワールドカップ」の会場誘致断念だ。瑞穂サッカー場を国際基準の会場に改修する案は、費用に加えて、住宅地に大観衆が集まることが課題になり断念、他の候補地、大高緑地、ナゴヤドームも調整に難航し、結局、愛知県の会場は名古屋市内ではなく、豊田スタジアムに落ちついた。

名古屋市の撤退には「英断」という声もあった。冷静な判断、堅実な考え方ということだろうが、昭和五十二年のオリンピック招致の頃の積極性とはずいぶん違う。名古屋は、お祭り好きなのか、平穏な暮らしが好きなのか。

オリンピックのときは成長期、ワールドカップのときはバブル後の低迷期ということもあるが、両極の考え方がどちらでも出てくるところが名古屋らしいのかもしれない。

11　モタモタ

昭和四十八（一九七三）年から市長を務めた本山政雄さんに、反対派がつけたあだ名は「モタ山」。モタモタしてものごとが進まない、という意味らしい。名古屋オリンピック招致活動でも目立たず、開催市の市長なのに存在感がない、と言われたようだ。

しかし、市民の支持率は高く、再選、三選、と当選を重ね、最後は全党が市長与党という状態で、三期十二年間の任期を全うした。

本山市長の一年目は、私の採用一年目でもある。市長の任期は、四月二十八日からだから、市役所に入ったのは私のほうが二十七日早い。

その年の五月頃、土木の所長が市長に初めて会って来た、と事務所で皆に話をした。

「いいオヤジさんだ。うん、あれは、いいオヤジだ」

本山市長は、社会党・共産党推薦の革新統一候補で、公約は「福祉」「高速道路凍結」、前職は名大の教育学部長という学者だ。片や所長は、名工大出身の技術屋で、公共工事が専門だ。会うまでは、何を言われるか、多少緊張していたと思う。それが、どんな言葉を交わしたのか、ずいぶん良い印象を持ったようだった。

市長の誠実さを垣間見たのは、昭和五十三（一九七八）年のメキシコ市姉妹都市提携のときだ。

メキシコ大統領が名古屋を訪問、モニュメント除幕式などのセレモニーがあった。このときの市長挨拶の原稿は、土木局担当だった。総務課にスペイン語ができる職員がいて、日本語の原稿にスペイン語版も添えて市長の秘書に届けた。式典で、市長挨拶の場面になり、どうするかなと見ていたら、市長さん、スペイン語を読んだ！　メキシコからの訪問団も大喜びだ。

スペイン語を書き加えた職員も、はたして本番でスペイン語を読んでくれるのか、わからなかったという。用意した原稿は、ちゃんと読んでくれる人だったのだ。

「モタ山」の批判は、市民との対話を重視すると言って、時間をかけ、しかもなかなか自分の考えを言わなかったからだろう。誠実さと同時に、ある種のしたたかさも感じさせる。

本山さんの回想録『心かよう緑の町を』の中に、「行政アセスメント」という言葉が出てくる。

「私の発言に対して、（職員は）もうひとつの立場を配慮する」

つまり、何か指示すると、職員は決まって問題点をあげてくる。法令だったり、業界だったり、地元団体だったりで、どんな影響があるか調べるといって、すぐ実行してくれない。これは行政内部で環境アセスメントをやるようなものだから、「行政アセスメント」と名付けた、という。

そして、こうした動きは「公務員のバランス感覚」であって、咎め立てすることはできません、と書いている。これを読んでいると、やっぱり良い人だな、と思う。

土木の所長が「いいオヤジだ」と評したのも無理はない。

12　団塊パワー

昭和五十四（一九七九）年に、総務局の人事課へ異動した。総務局の兼務はその二年前に解除されていたが、改めての発令だった。異動しました、というと、また来たのか、とか、出たり入ったりだね、と冷やかされた。悪意はなくて、スパイスのきいた会話と言って良い。総務局ではこういう話し方が多いことも知っていたので、違和感なく新しい席に着いた。

外から見ると、人事課勤務は「エリートコースに抜擢」と思われたかもしれないが、実態からいうと、アタマ数を揃えるという意味のほうが強い。なにがしかの評価と期待があって、お呼びがかかったのだとは思うが。

この時期の市役所は、仕事全体の転換期と、職員の世代交代が同時に起きていたように思う。

戦後すぐに、役所勤めに入った世代が幹部になり、そろそろ退職が近づいてきた頃だ。

福祉関係を筆頭に新しい制度が次々に始まり、街づくり、公共工事も急ピッチで進んでいた。公害対策、交通網整備など新しい課題も出てきて、その要員が必要だったのだ。

新しい制度、新しい課題は、いわゆる「団塊の世代」が担当することになった。団塊の世代は、昭和二十二年から二十四年の間に生まれたベビーブーマーで、昭和四十年代に高校、大学を出て、実社会に登場した（私は昭和二十四年生まれ）。

団塊以前の世代は、戦争の影響で絶対数が少ない。年代が飛んでしまっても、若手だろうが、新人だろうが、誰かがやらなくてはいけない。プロ野球でいえば、ルーキーがいきなり先発、レギュラーになるようなものだ。実際に、私より二歳年上の先輩は、新人の年に、かなり重要な条例をつくっている。周りに条例を起案した経験者がいないので、大学の恩師のところへ行って、教えてもらいながら「つくっちゃった」。まるで企業の創業時みたいではないか。

団塊の世代が幅をきかせていた理由は、何と言っても、その数の多さだ。採用年は違っても年齢は同じ、ということがよくあった。受験浪人や留年で、採用年がずれるのだ。転職組もそこそこいる。それで、どの職場へ行っても、団塊世代でいっぱい、発言力も大きくなるというものだ。

新しい教育を受けていることも強みだった。経済学でいえば、前の世代の経済理論は、マルクス経済学で、数式に弱い。私程度の者でも、統計学に出てくる最小自乗法くらいは解説できる、というわけだ。

昭和五十四年といえば、団塊の世代のなかから、係長が出始める直前の時期だ。

若い世代が集まれば、誰もが自分の仕事について、市政のあり方について、大声で語り、吠えた。「エリートコース」などという感覚がないところが、団塊世代の良いところだった。

でも少し気の毒なのは、団塊世代の次の世代だ。全体の数も少ないし、元気あふれる先輩の大声に付き合わなくてはならなかったのだから。

13　プリンターを縦に置く

私が人事課に異動したのは、「人事記録の電算化チーム」で働くためだった。

この頃、名古屋市がコンピュータ……電算機という呼び名が普通だった……電算機を使っていた業務は、税金、水道料金、職員の給与支払が主で、まさに数字の計算をしていただけ、といって良い。だから、コンピュータは計算機といい、計算プログラムの担当は計算管理室という名前だった。情報管理とか情報システムではないのだ。

人事に電算機を使うといっても、人工知能で異動案をつくらせるような発想はなかった。何しろ四十年前のことだ。当時、人事課の部屋に入って気づくのは、係員がみな机に向かって、何かをひたすら「書いている」光景だ。

何を書いているか。個人別の履歴カード、何かの名簿、リスト、いろいろあるが、とにかく書いている。たとえば、課長級職員を年齢順に並べたリストをつくれ、という指示がくる。所属順の名簿は常時持っているから、それを使って生年月日順に転記することになる。間違えないように、読みやすい文字でていねいに書く。書いたら、点検だ。誤字、転記ミスがないか慎重に調べる。「読み合わせ」といって、一人が声に出して読み、別の者がチェックする。

電算機に管理してもらえば、書き間違えはなくなるし、リストの並べ替えなど、簡単なプログラムでできる、作業が大幅に減る、と担当の間では電算化を待望していた。

電算化がなかなか進まなかったのは、漢字が思うように使えなかったことによる。それが、メーカー側の開発が進み、漢字出力のコストも下がってきたので、名古屋市もついに人事記録の電算化に取り組むことになったのだ。

「人事記録の電算化チーム」の役目は、人事の実務担当と、システム開発担当の調整をとることだった。三者でメーカー側の説明を聞いた。メーカーの営業が言った。

「機械にできないことはありません、何でもできます」

実務側は、この調子の良い言葉に煽られて、それこそ何でも要望してくる。実際のプログラム開発の過程に入ると、調整が難航することもしばしばだった。

象徴的だったのが、文書の縦書き出力。実務側が縦書きを要求するが、開発担当には、縦書きなんて念頭にない。どうしてもというなら、一文字ずつ九十度回転だが、

「そんなことまでできません」

実務側は、今までの仕事がそのままやれる、と言ったじゃないか、と応酬し、話が進まなくなった。何を揉めているのか、と部長が心配して出てきた。経過を説明すると、

「プリンターを縦においてもダメかね？」

会議の場が一瞬にして和んだ。ユーモアには力があるものだ。

14　私が決めます

間に入って調整するというのは難しいものだ。

人事記録の電算化を進める、といっても自分で実際に手がけることは少ない。関係者に方針を説明して、皆さんにやっていただく、ということだから、待つ間は辛抱だ。

現場育ちのせいか、自分で何かをやりたくなってしまうので、プログラムを一本作らせてもらった。係長試験（正式には係長昇任選考）の受験資格は、学歴、在職年数、前歴、休職期間などの人事データを使って計算する。この計算プログラムに挑戦してみた。

休みの日に図書館の自習室で、フローチャートを書いた。コボルの講習も受けていたが、機械言語のプログラムは勘弁してもらって、開発担当の技師にチャートを見せた。私のプログラムの特徴は、難しいところは、手作業で補完する仕掛けになっていることだ。珍しい経歴の人は、もうわかっているのだから、機械に頼らず、担当者がノートに書いておけばよい、という考えだ。

チャートを見た技師は、これでプログラムを組みます、と合格点をくれたが、ついでに、

「長谷川さんらしいですね」と言った。

まあ、ユニークだったのだろう。

それはともかく、本来の仕事、関係者の調整は相変わらず難航していた。文書の縦書き問題は、ひとまず横書きを主体にすることで落ち着いたが、調整案件はいくらでもある。

はじめは、プログラムの開発担当と、人事課との調整が主だったが、各局の実務担当との話し合いになると、現実的な細かな問題がいろいろと出てきた。

そもそも、各局の人事記録を管理する方法がバラバラなのだ。局の規模や長年の習慣で、記録する項目や精度が違う。人事データを記録する帳票は、各局とも人事課と同じ様式の履歴カードを使っていたが、記入する内容は必ずしも統一されておらず、重要なデータはそれこそ担当者のノートに書かれていることだってあるのだ。

メンテナンス＝データ更新も簡単ではない。オンライン処理はまだ夢の世界、更新データを月一回、パンチャーがタイプ入力する「バッチ処理」の時代だ。それまでの手書き作業が減るのは良いが、今度は入力帳票の作成が一時期に集中するので、仕事のやり方も考え直さないといけない。

さらに困ったのは、人事課の担当者の間で議論が続くときだ。小さなことのようでも、全体への影響やら、将来の問題まで考えると簡単に結論を出せない。いつになったら決めてくれるのかな、と思っているうち、私は自分の心の中で決めた。

よし、私が決めよう、と。どの案をとっても、誰かが不満なのだ。どっちに決めても、どうせ文句を言われる、それなら、私が良いと思うほうにしよう。

最後に、私が決めます、と言えば良い、と思うと、揉めていてもあまり気にならなくなった。

15　もう少し聞いてみるのだ

人事課や秘書課には苦情電話がよくかかる。苦情は、どの部局でも多かれ少なかれあって、それなりに対応するが、埒があかないと、「市長を出せ」「職員を変えろ」と騒ぎ始める人もいる。前者なら秘書課、後者なら人事課に回ってくる。

苦情の内容をきくと、職員の態度が悪かった、失礼なことを言った、ということもあるが、元をただせば、申請を断られたり、対応に時間がかかったり、といった事業にまつわることが多い。

秘書課や人事課に言っても、事業内容や進め方が変わることは、余りないだろう。しかし効果がゼロかというとそうでもない。市長や人事のトップに内容が伝わるかどうかは場合によるが、苦情を受けた担当者は関係課に問い合わせするだろう。

「こんな話が来ましたが、どうなっているのですか」

そうすると、受けた課は説明しなければいけない。余分な仕事が増えるし、秘書課や人事課に迷惑をかけたのか、と思う。お騒がせしてすみません、ということになる。

「いつでも人事課に言うぞ、私をなめると怖いぞ」と、存在感を示す機会を獲得するわけだ。

それとは別のタイプで、市のことに限らず、長々と電話で話してくる人もいた。

私が人事課にいた昭和六十年頃にはそういう市民が何人かいたように思う。市の政策、方針を論ずる人、国際情勢を解説する人、教育評論家のような人など、さまざまで、論客なので話が長い。最初は、市職員の仕事ぶりなどから始まり、いろいろおっしゃるが、結局何をしてほしいのか、はっきりしないか、市では何ともできないことなので、電話を切るタイミングが難しい。関係のところで調べてお答えします、というパターンにならないのだ。

隣の係員が、電話をとってから、一時間くらい、はあ、とか、そうですか、という相槌しかうっていないときはこういう人たちの相手をしているときだ。

これは私の体験だが、電話が三十分くらい続き、そのうち、満州の夕陽の話になった。

「それは雄大で、ほんとに感動したねえ」

ぼちぼち打ち切ろうと思って断りに入った。

「先ほどから三十分はお聞きしましたが、私も仕事がありますので、そろそろ……」

すると、声の調子が変わった。

「そうか、でも君がどんな仕事をしているか知らないが、私の話を聞くほうが勉強になるぞ」

この言葉はなぜか刺さった。それもそうだな、と思い、そうですね、と返事してしまった。

私の頭の中に、赤塚不二夫の「天才バカボンのパパ」が浮かんでいた。奇妙なお客さんがやってきて皆が困りはて、もう帰ってもらおうと言っているとき、パパが言うのだ。

「いや、もう少し聞いてみるのだ」

16　課長になろう

昭和五十五（一九八〇）年は、私が係長試験を受ける年だった。

係長試験は、係長になるための昇任試験だ。国や県にはない制度だが、名古屋市はじめ大都市にはだいたいある。課長級以上への昇任は試験ではなく、人事考課で決めていくが、係長になっていないと課長以上になれない。その意味では、係長試験は役付になるための試験なのだ。

試験は、筆記試験と面接の二本立てで、筆記のほうは、かなり勉強しないといけない、優秀と言われる人でも、簡単には受からない。そのため、一年前、なかには二年前から、準備を始める人もいる。グループで勉強、家族を奥さんの実家に帰して勉強、普通に出勤するように家を出て、実は休暇を取って図書館で勉強、など、逸話には事欠かない。

私にも、係長試験の日程が一年後に迫ってきた。周りから、来年は試験だね、しばらく付き合いに誘えないね、と言われ始めて、さて、どうしたものか、と考えてしまった。

受験することが当たり前みたいになっているが、そもそも係長にならないといけないものか。まず、そのことから、冷静に考えてからにしよう、と思ったのだ。

係長になって良いことは何だろう。

給料が上がる？　多少は上がるが、市の給料は、役が上がってもそれほど差が出ない仕組みになっている。人事課にいるので、給与制度もよくわかっているのだ。

肩書に「長」がないと、子どもに恥ずかしい？　あまりピンとこない。まだ子どもがいなかったせいだが、仮に子どもがいても、私はそういうことで恥ずかしいとは、思わないだろう。

役付にならなくても、ヒラのままで面白い仕事ができることは、職場を見ているとわかる。実力のある職員は、大事な仕事を任され、逆に係長を動かしている場合もあった。

しかし、と考えた。課長になると、係長とは違うかもしれない。

市の組織は、課単位でまとまった仕事を担当するように編成されている。課長はその課のトップだから、何のミッションにしろ、自分の判断で、自分の権限で仕事ができる。これなら、ヒラでいるよりも良いかもしれない、と思い始めた。

課長になるには、まず係長試験に受かること、それも若いうちに受かることだ。長く係長をやっていれば、だいたい課長にしてもらえそうだ。試験は、何回も受ける根気があれば、いつかは合格できるが、年をとってから係長になっても、課長になるのは難しいかもしれない。

ここは、まず試験に受かって、どこでも良いから、どこかの係長にしてもらい、課長になるまで辛抱して、年数を稼ぐことにしよう。

気持ちが固まったので、おっとり刀で試験戦線に参加、幸運が重なって合格することができた。

面接で、係長になったら、どんな仕事をしたいか、希望職場をきかれたので答えた。

「どこでも良いです」

17　最高レベルの手作業

昭和五十九（一九八四）年四月一日付けの人事異動は、役付人事から新規採用まで、一連の人事を同日付けで一括発令するという、画期的な人事だった。

どこが画期的なんですか、と言われそうだが、それまでの手作業処理では、時間的に無理、できないというのが常識だった。しかし、翌年の昭和六十年にはいよいよ定年制が始まる。定年退職は三月末と決まっているから、四月一日に人事異動が集中する。それを避けるには、役付職員だけ別の日に発令するか、新規採用者をしばらく研修で待機させるか、いろいろ案はあったが、同じ日に全部の人事異動をするのが素直だ。問題は人事課の事務量、作業能力ということになる。

どんな作業があるか。作成する書類でいうと、決裁書、辞令、異動一覧表、記者発表資料などだ。

書類はすべて手書きで、点検作業もいる。公表資料などはプリント機械を職員が直に動かして、一万枚以上の大量印刷をしていた。製本作業も十人がかりで半日仕事になる。

このとき、私は役付人事の担当者だった。担当といっても、上から指示される異動案を元に発令準備をするのが仕事で、作業主任といったところだ。

四月一日一括異動が作業的にできるか、ときかれたが、やるという前提ならやるしかない。

作業は異動案が確定してから始まるので、作業量から逆算して、異動案確定のリミットが決まる。クリティカル・パスのチャートを書いて必要日数を計算し、上司に、局長級、部長級などランクごとのリミットを示したら、わかった、とゴー・サインが出た。

無駄のない作業手順を作っておいても、人事案は基本部分の変更がままある。これはいちばん困るので、リミットについては、何度もしつこく念押ししていた。この日以降、案を変えたら、職員三人が二晩徹夜になりますよ、という具合だ。上司から、どっちが働かされているのかわからない、とも言われたが、これは、以前から、作業主任が受け持っていた役割だった。私もその先輩たちに見習ってスケジュール管理していたに過ぎない。

作業のほうも、ただ案ができるのを待っていたわけではない。辞令のような単票は、差し替えができる。そこで、早い案段階からどんどん書き、案が変わったらじゃんじゃん破り捨てた。辞令は最後に書く、という常識を変えたのだが、上司たちには、もう辞令を書いているのか、とプレッシャーをかけることになったようだ。それで急いでもらえば幸いだ。

二月、三月、スタッフは、平均して月二百時間（！）の残業をする。進行状況を互いに確認して励まし、時機をみて新手の応援を入れて元気づける、このあたりは作業主任の工夫だ。

四月一日、役付人事から新規採用までの一括人事は無事完了した。

このときの作業方式は、もう改善の余地がない水準に達していたように思う。手作業でも効率よくやればできることを証明したのだ。しかし、皮肉なことに、この「最高レベルの手作業」はこの年が最後になった。機械化、電算化が進み、手作業のウエイトが急速に減っていってしまったのだ。

18　サーカスの象

肩書に「長」が付くようになると、人前で挨拶しなければいけない場面が出てくる。自分が聞いている側にいるときは、批評することも簡単だ。

あの人何が言いたいの？

えー、とか、あー、とか多いね

何だか緊張しているみたいだ

話すのに慣れていないのかな？

ところが、いざ自分が話す側に回ると、とても難しいものだ。うまく話そうという気持ちが空回りして、失敗の連続だった。最初の失敗は、主査になりたてのときにやってきた。

新規採用者向けの集合研修で締めの挨拶を頼まれた。何か良い話をしなければ、と思って材料を探しているうち、新聞のコラムに面白い話を見つけた。

「サーカスの象はなぜ鎖を切って逃げないのか？」

教育啓発によく使われる話だ。聞いたことがある人がいるかもしれないが、これをいただいて話をすることにした。

「サーカスにいる象はなぜ鎖を切って逃げないか。あの象の力で、あの程度の鎖が千切れないはずがない。どうして鎖を千切って逃げないのか。逃げてもすぐ捕まると思っているから？　それとも、逃げずに、サーカスにいたほうがエサをもらえるから？　両方とも違う。サーカスの象は小さいときに連れてこられて、鎖につながれる。そのときは懸命に鎖を切ろうとして暴れるが、まだ体が小さいので鎖が切れない。そのうち、この鎖は絶対に切れない、とあきらめる。体が大きくなって、もうそんな鎖ぐらい切って逃げられるのに、鎖は切れないという気持ちがあるから、逃げられない。これが答えです」

研修生の皆さんも、今は力のない小象だ。切ろうと思っても切れない鎖があるだろう、しかし、成長して、力がついたら、その鎖は切れるはずだ……。

良い話なのだが、話すほうが未熟だった。研修生たちにじっと見つめられる圧力もあって、声が上ずり、自分でも何を言っているかわからない、パニック状態で終わってしまった。

この後、しばらくは、自分はだめだなあ、と落ち込んでいたら、練習が足らないだけだ、と言われた。何を話すか、きちんと原稿をつくって、何回も練習すれば良いのだ、と。そうか、役者のようにセリフを全部暗記しておけば良いのか。

別の人からは、全然違うアドバイスをもらった。

「聞くほうは、講話なんて、聴いていないぞ。主査が話していたな、くらいしか覚えていないから、気にしない、気にしない」

19　システムプランナー研修

「馬を水辺に連れて行っても水を飲ませることはできません」

「馬に水を飲ませるのが研修の仕事だろ」

職員研修の担当者と上司の会話だ。

担当者は、研修生の立場に立って、研修生にウケる、喜ばれるプログラムを考える。アンケートをとって、希望の多いテーマ、評判の良い講師を選ぼうとする。

上司に言わせると、研修生に人気のある研修ばかりやってどうするのだ、仕事や組織に必要な、必須科目の研修をやれ、ということになる。研修は、当然勤務時間のなかで行う、つまり給料をもらって受講するものだ。研修生にウケるかどうかは二の次ではないか。

いっぽう担当者としては、必須科目だからといって、研修生の意欲がなければ意味がないという考えで、「馬に水を飲ませる話」になるわけだ。

名古屋市の研修は、伝統的に人事課の仕事で、研修担当者も人事課の職員だ。他の大都市のなかには、職員研修所という独立した組織を構えているところもあるが、そこでの悩みは、研修通知を出しても出席率が低いことだそうだ。

「名古屋市は良いですね、人事課長の名前で通知すれば、欠席しにくいから」
それはあるかもしれない。少なくとも、水辺に連れていくことはできるわけだ。
新しい試みの研修——システムプランナー研修に参加することになった。三人一組のグループで仕事に関連したテーマを研究し、アクションプランを作成し、発表する。この型は珍しくないが、特徴は「徹底した議論で鍛える」ことで、二泊三日の泊まり込み（合宿）が三回もある、拘束時間の長い研修だ。私たちを含め五グループ、合計十五名が新しい研修の実験台になった。

講師は、外資企業の元役員で、この研修プログラムを開発した人だという。話術に長け、いわゆるカリスマ性がある。受講生に先を読ませず、予定を変え、食事時間を縮めて夜の討論会に引っ張り出す。どうも意図的だ。受講生を翻弄し、疲れさせるやり方のように見えた。

これに気づいたのは、民間企業で流行っている「地獄の訓練」や「みそぎ研修」のことを雑誌やテレビで知っていたからだ。組織に忠誠を尽くし、無理難題にもひるまない企業戦士を育てる研修だ。「水を飲みたくなくても飲ませる研修」というところか。

私のグループは要領よく期待に沿った成果を出して、好評価をいただいた。「私たちが自信を持ってやればできるのです！」と大きな声で発表したら、そうそう、と講師はご機嫌だった。

この研修は数年間続いたが、委託費が高額なのを理由に打ち切りになった。

研修担当によると、なぜ止めるのか、理由が理解できない、と猛烈に抗議を受けたそうだ。さすが企業戦士を育てるカリスマ講師、契約の交渉も半端ではなかった。

20　中学生の顔

どうにも付き合いにくい人がいる。嫌いというわけではではない、一緒に仕事をすれば頼りになるし、飲み会で話もするが、しかし何か相性の悪さを感じるのだ。

ズバズバ物を言う上司がいて、打合せ中に、ちょっと窓のほうを見ていたら、

「おい、大丈夫か、飛び降りるなよ」

そんな風に見えたのかしら、とこちらがビックリ。

ある仕事を命じられ、上司のいう方法でやる場合の問題点を言ったら、

「自分には荷が重い、と言いたいのか」

と機嫌が悪い。

「そんなこと全然ありませんよ、参ったなあ」

という具合に、直ぐに大声で言い返すと、そうか、悪かったな、と態度が変わる。こちらがもっと感情的になると、逆に大人しく聞いてくれることが多い。人間的に魅力があるといってファンもいたようだが、私にはやりにくいタイプだ。機嫌をそこねないように、顔色をみながら話をするのは疲れる。

細かいことで丁寧に話してくるタイプも苦手だ。こういう人は、頭が良くて、事柄を良く調べている。ずっと聞いていると、こちらの脳細胞が溶け始める。こういうことですか、と適当に相槌を打つと、それは正確には違う、とまた粘り強い講釈が始まる。

わからない、といって降参しても、

「では、もう少し簡単に説明しよう」と許してもらえない。

わかりました、とウソをつかなきゃいけない相手はやっぱり苦手な人だ。

こうしたタイプの人と付き合うために、私はあるテクニックを編み出した。

その人の「中学生時代の顔を思い浮かべる」のだ。もちろん想像で。

中学生の頃はいわゆる思春期、英語でいえばティーンだ。個人の性格が形になってくる時期だと思う。すっかり大人になって、所属する組織や地位をバックに振る舞うなかに、中学生時代の面影があらわれているはずだ。

あの上司は、中学生の頃、チームを大声で引っ張るキャプテンだったかもしれない。キツイ冗談や、ハッタリも入れていたに違いない。

正確な説明が好きなタイプは、クラスきっての秀才だったかもしれない。先生の質問に皆が困っていると、サッと手をあげて、先生、ぼくはこう思います、と得意顔で答えていたに違いない。

苦手なタイプも、中学生の頃から変わっていないのだろうな、と想像してみると、少しは親しみがわくというものだ。

21　定年制

公務員に六十歳定年が導入されたのは、昭和六十（一九八五）年三月からだ。それまでは、どうなっていたかというと、定年はなかったが、五十五歳のところで退職を勧められ、勇退するのが一般的だった。国も、地方も、名古屋市も同じようなやり方をしていた。

勧奨退職、つまり「肩たたき」は、退職手当の割増しと再就職の斡旋がセットになっていた。もっとも、これは主に管理職対象で、一般職員には、退職金の割増しがあっても、退職せず、高齢でも在職し続ける職員が結構いた。当時、名古屋市には、七十九歳の現役職員がいたのだ。

定年制も始まってしまえば、当たり前のように思えるが、スタート前は、公務員制度と矛盾するのではないか、という意見もあった。公務員は「非違なく免職されない」ことになっている。悪いことをしない限りクビにはできない仕組みだ。だから、定年の条項は、病気などでやむなく退職させる「分限」の隣に置かれている。職員に落ち度があって辞めさせるわけではない、という理屈にして、ようやくできた制度なのだ。

定年制が始まる二年前から、人事課に定年制絡みの仕事を担当する主査が置かれていたが、前任者が異動し、後任に私が発令された。主査は、部下のいないスタッフ職だ。

定年制移行への課題のひとつは、管理職の退職年齢が延びて、新陳代謝が遅れることだが、毎年少しずつ定年を延ばして一定数以上の退職者を確保することになった。名古屋市の場合は、課長以上は三年に一歳、係長以下は二年に一歳引き上げることで、時間をかけて六十歳定年にすることにしていた。

担当主査として取り組んだのは、もう一つの課題の「退職準備プログラム」だった。

定年制がない状態では、職員の退職理由は「一身上の理由により」だ。自己都合で辞めるのだから、退職後のことは、当局は基本的に面倒をみない。

しかし、定年となると、本人の都合ではなくて、雇用者である市が解職するわけだから、何らかのケアが必要で、それが「退職準備プログラム」である。企業のなかには、定年になるかなり前から、従業員に退職後の生活設計を指導するところもあって、公務員の職場は、こういうことには遅れているなあ、と思ったものである。

そこで、退職予定者用に冊子を作ることにした。退職後の収入源となる年金のはなし、健康管理のはなし、利用できる保養施設の情報などを、関係課に書いてもらった。人事課にマンガが得意な人がいたので、挿絵を描いてもらった。私もコラムを書いた。そして、この冊子を使ってセミナーを開催した。職員のためになることだから、やっていて楽しい仕事だった。

しかし、当局には別の狙いもあった。定年退職者を嘱託として再雇用し、その分、職員定数を削減しようというプランである。このやっかいな仕事も私のミッションだった。

22　ヘンな異動だな

定年制の開始をきっかけに、現業職員を見直そう、減らそうという話も本格化した。

現業職員は、単純労務職員ともいうが、清掃作業員、給食調理員など多くの職種がある。当時は市の施設には、だいたいどこにでも雑用係のような作業員がいたものである。みな正規の市職員で、民間委託はほとんどなかった。運転手などの技能系も市職員で、タイピスト、電話交換といった、今ではもう見られない仕事にも、市の職員が従事していた。

経営的に考えれば、現業部門は民間委託したほうが経費は少なくてすむ。業務によっては、繁忙期だけの契約ですむかもしれない。定年制で退職時期が予定できるので、当局にとっては、懸案の現業職員見直しのチャンスということだ。

当然、労働組合は反対である。現業職員といえども、行政を担っている、民間委託では、市民サービスが低下するという主張だが、いちばん困るのは組合員が減ることだった。

当局から持ち出した案は、定年退職者を嘱託として再雇用するというものだ。職員は定年後も同じ職場で働ける、当局は人件費が減る、嘱託に変わるが組合員も減らない、ということでひとまず大筋で合意した。確かに、定年制が始まったからできたことだ。

大筋が決まったので、個別に、嘱託職場を決めていくのは私の仕事になった。退職者の出る職場ごとに、取り扱いを整理していったが、ある局で問題が起きた。嘱託にせず、新規に現業職員を採用したいと言い出したのだ。局の総務課長さんに理由をきいて驚いた。

「組合がそう言っている」

局の考えより何より、組合が言うから頼む、の一点張り。それではダメ、と帰ってもらった。すると、組合の幹部が乗り込んできた。幹部さんの説明は、いちおうの筋は通っていたが、これでわかりました、とは言いたくなかった。

「今のような話は局から聞きたかった。組合の人から聞いても意味ないですね」

ちょっとキツかったかな……。組合幹部さん、私を睨み付けて、席を立って行ってしまった。

その後、組合が上をつついたのか、局の言い分が通って、私の頑張りは意味がなくなった。組合に喧嘩売るなよ、みたいなことを言われた。私が言ったのは局に対してなんですけど。

総務局で仕事するのは、面白くないことが多いな、と思いかけた矢先、異動の内示があった。土木局道路部の係長に換わってもらう、と言う。急な話だったが、それもいいな、と思った。

辞令をもって、挨拶に歩いた。大学の先輩でもあった某局長に辞令を見せたら、

「人事課主査から土木の係長か、ヘンな異動だな」と言われた。

土木局では、和やかに迎えてくれて、ヘンな異動だな、とは言われなかった。

旅費の仕事が遅い、と怒られた課長さんは、部長になっていた。顔が合うと歯を見せて笑った。

「おかえり」

Ⅱ　市長のつもり

23　土地と道路

昭和六十二（一九八七）年、土木局に戻って発令された職名は、道路部路政課認定係長だった。ここで三年間お世話になるわけだが、仕事を簡単にいうと、市道の認定手続きをする係だ。市道に認定されると、道路法のルールが適用される。議会の同意が必要で、同意の後、「市道○○線」のように、名前つきで告示される。

認定の手続きは、経常事務といってよいが、それ以外に、この係には、道路がらみでいろいろな話が持ち込まれていた。所有権、境界などの「懸案事項」、要するに、土地の問題だ。

当たり前だが、道路も土地だ。持ち主、所有者がいる。市の道路だから、持ち主は市に決まっているかというと、そうではない箇所が市内に結構あって、その土地ごとに過去の歴史がある。市で買え、という要求も昔からあるが、市もずっと断っている。だから懸案なのだ。

ある日、係長さんに話を聞いてほしい、という高齢の男性が現れた。

緑区が大高町だった頃からの住民で、合併後に市から土地をもらう約束だったが、どうなった、と仰る。大高町が名古屋市に編入されたのは昭和三十九（一九六四）年、先の東京オリンピックの年だ。この時点で二十年以上たっている。

困っていたら、担当者が間に入り、係長は忙しいから、と言って上手に帰してくれた。担当者はこんなふうに言った。

「あの人は係長が替わるとやって来る人です。今度の係長も前と一緒だ、とわかると、あきらめて来なくなります。今みたいに難しい顔してもらっていれば、それで良いですよ」

昔の経緯もききたかったが、また後で、ということになった。古い経過を背負った職場なのだな、と思ったし、新米係長は古参職員が見張っていてくれることもわかった。

建て売り住宅の開発業者の要求もよくあった。宅内道路を市の道路にしてほしい、市が買って当然というのだが、これは全部断っていた。宅地を増やして、街づくりに貢献したではないか、舗装工事までした道路をなぜ買ってくれないのか、名古屋は開発に冷たい、とも言われた。

名古屋にも事情がある。

名古屋市の街づくりは、区画整理主体だ。道路などの公共用地は区画整理で提供されるから、市は引き継ぐだけで買うことはなかった。例外は、大きな都市計画道路くらいだ。区画整理が盛んだった頃は保留地販売も好調で、精算に余裕があったこともあるが、組合には市の街づくりに貢献するという意識も高かったし、またそのような結果を出してもらっていた。

それで、開発業者には条件が厳しかったのだが、私自身は、道路は買ってでも市の管理下においたほうが得策ではないか、と思っていた。宅内道路が私有地のままで、トラブルになっているところがあったからである。

24　私道の問題

守山区の翠松園《すいしょうえん》地区は、環境に恵まれた閑静な住宅地だ。加藤唐九郎記念館（翠松園陶芸記念館）があることでも知られている。実は、この地域内の道路は、今ではとても信じられないことだが、三十数年前は、すべて私道だった。舗装がないどころか、歩いて良いのか、崖なのかわからないような状態だったのだ。

もともとは、大正末期に、開発会社が宅地分譲してできた街区だが、その後、会社が解散し、公道にならないまま、道路敷地だけが転売されていたのだ。通行止めや水道管の撤去騒ぎまで起きて、裁判が始まった。市で購入せよ、という声が出たり、国会議員が乗り込んできたり、法務の専門誌に特集記事が出たり、一時は全国的な話題になったものである。

しばらく小康状態にみえたが、水面下では、住民側が資金を出し合って道路を買う話が進んでいた。市は、道路用地の寄付を受けたら、公道として整備できる、と見通しは言っても非公式のことで、売買交渉を見守っていた。

翠松園のような大規模私道は別格だが、市内には私道の問題はあちらこちらに残っていた。問題なのは、道路認定している公道に、個人所有の土地があることだ。

厳密にいえば、私道ではなく、土地が未処理なのだ。通常、所有権のないまま道路にすることはないが、過去から、何かの事情で未処理になっている。所有者にしてみれば、市で買えと言いたいが、市はそういう土地は買いません、と頑張っている。市もいったん方針を出すと、簡単には変えられない。この方針でお断りした案件がこれまでにあるからだ。

道路法では、いったん道路認定すると、所有権があってもなくても、道路以外には使えない。つまり、市が道路として使うのに困ることはない。これを正面きって言うと、角が立つので、ていねいに話すが、相手次第だ。「商売になる物件」ではない、とハッキリさせることも必要だ。

解決方法としては、寄附をお願いしていた。道路であることに変わりないのだから、土地名義関係を整理しませんか、ということだ。手続きや費用は市の負担だ。所有者の相続関係の調査、土地の測量・分筆など手続きに時間はかかるが、市の業務として処理できる。

買え、買えません、とやりあっているよりは良い。

個人的には、事例をみるうち、「宅地を買うときは道路に気をつけよう」と思ったものだ。

翠松園は、平成元（一九八九）年、話し合いがまとまって、道路用地が市に寄付された。市は翌年度予算で、約十億円を計上し、整備工事が始まった。がけ地に本格的な擁壁を組み、地下に水道・下水など埋設管が入り、文字通り、見違えるような街路になった。何度も何度も話し合って、資金を出し合い、とりまとめ、事業を動かした住民のみなさんには頭が下がる。

25　市会議員

土木局のような事業部門では、係長、係員のところにも議員からよく問い合わせがある。議員は課長以上の管理職に話すのが普通だが、担当がわかれば、直接きいたほうが早いのだ。こちらも議員に何度か会って、資料の説明などをしているうち、顔なじみになっていく。

緑区のS議員は、何かと問い合わせの多い人だったが、あるとき、一度区のほうへ来ないか、と電話がかかってきた。

「忙しいかもしれんが、たまには緑区の現場を見に来たらどうか」

うまい言い方だな、と思って、日時を約束した。

指定の場所に出かけてみて驚いた。S議員のほかに住民が五十人ほど集まっている。土木事務所長も来ている。

「皆さん、きょうは、市の人に、日頃からお願いしたいことを聞いてもらう日です。土木の所長さんもいます。それから、今日は、本庁の長谷川係長にも来ていただいています」

こんな場面になるとは思っていなかった。上手に使われたかな、と少し心配になったが、私の出番は特になくて、所長がこれからの工事の予定とか、事前の説明はきちんとします、とか一般的な話をした。要するに、議員の活動報告につきあわされていたようだ。

街路灯が少ない、という話が出て、S議員の演説になった。

「ここは、夜真っ暗になるが、栄の街は明るい。めちゃくちゃ街灯が多い。ビルや商店街で十分明るいのに、また市の街路灯がある。本が読めるくらい明るい。あんなところで本読むのか」

話がうまくて皆に受けている。そうか、これが議員なのか、と感心していたら、本領を発揮したのは、住民が帰った後だ。所長が、確かに街路灯が少ない、二本立てましょう、と言った。

そうしたら、ここに二本はいらん、と言う。ここは一本にしておいて、もう一本分の予算があるなら、区内の別の地域に使え、とおっしゃるのだ。

予算はバランスよく使え、という意味もあるし、一か所より二か所で喜ばれたほうが良い、という意味もあるだろう。議員の発想、カンどころは、行政と違うのだ。

S議員と歩いていると、あちこちから「先生、こんにちは！」と声がかかった。

「人気がありますね」と言ったら、小声で話してくれた。

「あそこに新しいマンションができるだろ。何人くらい入ると思う？　私はああいうのを見るたび気になって仕方ない。全然知らない人が、五十人、百人と急に増えるのだ。何を考えているのかわからない人が急に百人も増えたら、怖いと思わないか？　この気持ちは役所の人にはわからんだろうな」

26　現場の見方

課長さんのなかには、他の人にはちょっと真似のできない技を持っている人がいる。もともとのキャラクターもあるだろうが、いろいろな経験のなかで身につけたのだろう、と思う。

某議員から調査依頼があって、その課長さんと現場を見に行ったときのことだ。

現場は、郊外の、畑と空き地の多い、のどかなところだった。公用車を道ばたに止めて、目的の場所まで歩きかけると、課長さんは少し方向を変えて、近くの農家に声をかけに行った。

「すみません、市の者ですが、ちょっと、車止めさせてもらって良いですかね？」

車を止めたのは公道だ。良いんじゃないですか、という答えに、すみません、すみません、と何度も丁寧に、慇懃に頭を下げる。平成のバブル期で、地上げ屋が横行していた頃だから、気を使ったのだろうが、相手がほんとに恐縮するくらいの丁寧さだ。

さて、現場の調査に入ると、細かいことは部下に任せて、課長さんは持っていた封筒のウラにメモし始めた。

「よく吠える白い犬がいる」

「角の美容院の看板が傾いている」

何書いてるんですか？　ときいても、ニヤニヤ笑っているだけだった。そして、現場の調査が一段落すると、またさっきの農家に声をかけに行く。これまた丁寧に、慇懃にお礼を言うのはいうまでもない。

さて、依頼してきた議員への説明である。

「いやー、現場に行ってきました」

「そうですか、課長さん直に行かれて、ご苦労様でしたね」

現場に行った、という先制ジャブの後は、課長さんが現場の説明を続けた。……空気が良くて、のんびりして良いところですね。犬がいましてね、白い犬で、これが良く吠える、なんていう犬ですかね、白い犬でしたけど。そういえば、角っこに美容院があって、もう昔からあるんでしょうね、看板がちょっと傾いていていましたよ……。

説明じゃなくてお喋りだ。しかし、議員も、ほう、ほう、と聞いていて雰囲気は悪くない。結局、今回はまず現場に行ってきました、という報告だけで、どういう問題があるか、解決方法はあるか、はよく検討するので、後日また、ということで終わってしまった。

難しい問題は先送りする、そのテクニックを見せてもらったわけで、こうしてまた懸案事項が残っていくのだなあと思った。

しかし、議員のほうも余り急かす気配がない。土地に絡む問題は、急がないほうが良い、まずは役所で検討するところまでいけば良い、と思っているふしがある。課長さんはそういうことまで読んでいたのかもしれない。やはり百戦錬磨の人なのだ。

27　事務所に来い

一本の電話から、予定外の仕事にまきこまれることがある。

ある日、電話をとったら、あんた、どなた？　というので、認定係長です、と普通に答えた。向こうも名を名乗ってから、「係長か。私が頼んでいる件は進んでいるのか、どうなっている？」と言う。野太い、少しかすれた、迫力のある声だ。

「え？　と言いますと……。何の件でしたか？」

「何だ、知らないのか、じゃあ、ちゃんと教えるから、今から事務所に来いや」

これは困った。今はちょっと行けません、というと、

「おう、そうしたら夜来るか。今日は八時過ぎならいいぞ」

ますます困った。聞き返したのがまずかったか、と思ったがもう遅い。何とか今晩の訪問は勘弁してもらったが、日を改めて伺うことを約束させられた。さて、どうしたものか。

担当者にきくと、土地とか都市計画とかの懸案が多く、各課が苦労している有名人らしい。行くにしても複数が良いという。放っておいて余計にこじれるとまずいので、関係する課の係長二人と一緒に三人で行くことにした。手強そうな相手だから。いろいろ情報を集めた。

市との懸案の内容はもちろん、本業、年齢、体つき、話し方などを聞いて、だいたいのイメージはわかった。約束の時間をわざと延ばして、相手をイライラさせることも聞いた。

そこで、三人は約束の十一時前に昼食をすませ、生理現象で弱みをみせないよう、準備を整えて事務所を訪問した。案の定、というべきか、本人は不在。一時間後、十二時頃に本人が現れ、すまん、すまん、もうちょっと待って、と言って出て行ってしまい、また一時間待った。

ようやく一時過ぎから面談になって、長広舌の演説を聞かされる。彼はお昼どうしたのだろう。

この件の直接の所管は、同行した一人の係長のほうだったようで、さかんに彼をターゲットに強い口調で話している。私ともう一人には、そうだろう、と同調を求めるような言い方だ。

言っている内容は、市の基準では困る、何とかしろ、ということなのだが、具体的な方法は言わない。困らないようにしてくれれば良い、のであって、市が基準を変えるのか、自分の案件だけ基準外にするか、それは知らん、ということだ。

横できいている私に、「長谷川係長ならどうする？」と質問が飛んできた。

「どういう意味ですか？」

とっさに返したこの答えは、何か相手に意味があったらしい。ジーッとこっちの顔を見ていたが、ははは、と笑って、「まあええわ」と話題を変えた。

結局、話し合いは何も進展せず、懸案は懸案として、要求は要求として残ることになった。

この訪問以後、局内では、あの人の相手をしたらしいね、事務所に行ったらしいね、と声をかけられるようになった。同じ苦労をしている、と親近感を持ってもらえたようだ。

28　市長のつもり

新任の係長になると、それなりに注目されるのか、先輩諸氏がいろいろアドバイスをしてくれた。期待するところもあったのだろうが、放っておくと何をするかわからない、心配で見ていられないと思ったのかもしれない。何か機会があると、ちょっと厳しい言い方もしながら薫陶をうけることがよくあった。

私の最初の係長職は、定年制関連の担当だったが、部下のいないスタッフ職で、何から手をつけて良いか、戸惑っていた。たまたま別の課に出向いたとき、相談ができる先輩係長に、自分の仕事がよくわからない、というような話をしていた。そうしたら、それが耳に入ったのか、突然、その課長が話に割り込んできた。

「おまえさんは、担当の主査だろ。自分の仕事がわからんなんて問題だぞ」

「それから、そんなことを他所の課へ来て言うな。自覚がたらん」

まさに、ご指導、ご鞭撻、というところだ。

こんな言葉もよく聞かされた。

「係長は、自分が市長になったつもりで考えろ」

これは、大きな政策に思いを巡らす、ということもあるが、日常の判断でも市長の視点で考えろということだと思う。新任係長は、未経験の職場に配属されることが多い。初めての仕事で、判断に困るとき、そういうときには、市長になったつもりで答えを考えてみろ、というわけだ。

「係長行政」ということも言われた。市政を動かしているのは、実は係長なのだ、そういう自覚を持て、という意味だと思うが、確かに実力派の係長があちこちにいた。

重要な会議で大きな声で発言する係長がどこにでもいた。市長や助役の前でも当たり前のように持論を主張する。仕事を知っているということもあるが、黙っていられないのが名古屋市の係長らしいところなのだ。

出入りの業者から見ると、名古屋市の係長は、上司の意向にも平気で逆らうのだそうで、「県庁より元気がありますね、係長試験に受かれば昇任できるという制度のせいですかね」という話も聞いた。

あるとき、県会のK議員から電話で、道路用地買い上げの要望があった。いつもの通り、できません、買えません、と断っても、なかなか納得しない。そこで、「たとえ裁判になっても市の方針は変わりません」と言ったら、声の調子が変わった。

「あなたね、係長だろ。きょうのところは、上司に相談してみますと言ってもらえないかね」

それは確かにそうですね、と答えて電話は終わったが、優しい議員さんで良かった。

「市長のつもり」が無意識に出てしまったか。

29　自治大学校

平成元（一九八九）年、自治大学校の研修で半年間寮生活をした。自治大学校は、自治省（現在の総務省）の自治体職員向けの研修施設で、港区の南麻布にあった（平成十五年、立川市に移転）。敷地内に、二人部屋の寮がある。寮生活なんて初体験だった。

研修にはいろいろなコースがあったが、私が参加した「第一部第七二期」は、三十代後半の係長・課長補佐クラスが対象で、「将来の幹部養成」コースとされていた。法律や自治制度の講義、政策課題研究など、メニューは盛りだくさん、研修期間六か月は最長のコースだった。

研修生のほうは、「幹部養成」を文字通り受け止めて猛勉する者、東京の生活をエンジョイする者、他の団体の人との交流に熱心な者、など様々だが、派遣元の自治体の方針が影響していたのだと思う。自治大派遣をキャリアとして重視するところ、国との付き合い上、何人か派遣しておこう、というところ、など自治体の事情もいろいろなのだ。名古屋市からは、特に決まった指示はなかったので、知識吸収の勉強はしつつ、交流に努める、という生活を送った。

第一部第七二期には全国の都道府県・大都市から百二十七名が参加していた。

名古屋から見ても、東京の街は格段に都会だ。人口の少ない地方から参加した人たちには、かなりの刺激だったろう。数人で連れ立って東京ドーム（前年の昭和六十三年に開場していた）へナイターを見に行ったとき、沖縄の石垣島から来た研修生が言ったものだ。

「ウチの島の全人口がここにいる」

南麻布といえば、最寄りの駅は広尾。六本木も近い。有名人を見かけることは珍しくない。近くの歯科に行ったら女優の藤純子に会った、ラーメン屋で巨人のクロマティを見た、というような話も最初は盛り上がったが、そのうち余り騒がなくなってしまった。

せっかくの機会だから、と休みの日には連れだって、東京の街をせっせと探訪したが、こちらも二、三か月たつと、飽きがきた。そのうち、休日は、部屋でゴロゴロするようになってしまった。

良い研修だが六か月は長いと思った。講義の量は何ともいえないが、少なくとも寮生活の六か月は長い。三か月くらいが適当のように思う。

しかしゴロゴロしていると良いこともある。戦前・戦中の昭和史をまとめて読むことができたのは思わぬ収穫だった。学校の授業では出てこないところで、実のところ知らない世界だったから、ずいぶん知識が増えた。

ところで、一九八九年は、歴史的な節目の年だった。六月に天安門事件があり、十一月にはベルリンの壁が崩壊した。日本では、平成の元号がスタート、消費税もスタート、バブル景気が沸騰、日経平均株価は三万八千九百十五円の史上最高値を付けた。

そんなときに、花の東京で半年暮らしていたわけだ。

30　霞ケ関の話法

自治大学校の講師陣には、有名教授や第一線の研究者が揃っていて、さすが国の研修所だけのことはあった。高名な先生の講義を直に聴けるだけでも有り難いのだが、つい二日酔いでしっかり聞いていないことが多かった。先生方には申し訳なかったと思う。

そうした一般的な講義のほかに、現役のキャリア官僚が、国の政策を講義する時間があった。霞ケ関の主要な省庁から課長補佐クラスがやって来て、講師を務めていた。一方的な資料説明が多く、退屈な時間だったが、厚生省（現在の厚生労働省）のときのことだ。

何のテーマだったか、もう内容もすっかり忘れてしまったが、よく覚えているのは、講師が間違った資料で説明をしたことと、その後の信じられない彼の発言だ。

講義は、事前に配ったレジメにあるグラフを黒板に引き写して、それを解説するかたちで進んだ。横軸の何々が増えると、縦軸の何々が減っていますね、この意味は何々だからで……と、淡々と解説が続いていたと思ったら、急に「これ、おかしい」と言い出した。

XとY、つまり横軸と縦軸の表示が逆だったらしい。その表示のままだと、グラフの意味が変わってしまう。

これはヘンだ、ヘンだ、と言い出したが、研修生のほうは、特別な反応はなくて、ただ普通に聞いていた。半分居眠りしていたこともある。そうしたら、講師先生、キレちゃった。

「あなた方は、私の説明を聞いていていてヘンだと思わなかったのですか？　こんな当たり前の間違いに気がつかないようでは、ダメじゃないですか！」

声が大きくなったので、寝ていた者も目を覚まして、何のことかと講師に注目した。自分の資料が違っているくせに、聞いているほうに文句言うなんて、どういう人かしら、と思っていたら、もっと凄いことを言い出した。

「いいですか、私は仮に資料が違っていても、正しいように説明できます。それはやろうと思えばできる。しかし、あなた方はこれから役所の幹部になる人でしょう、私の話を見破れなくてどうしますか、反省してください！」

なんだこりゃ。ここで私たちに反省しろというのは、言いがかりではないか。

素直に謝って訂正すれば良いのに、そうしない。それどころか、相手を非難する。そして、たぶん口が滑ったのだろうと思うが、私の説明能力なら相手を騙すのは簡単だ、と言ったのだ。

講義の後、あの話はひどいね、と話題になったが、「厚生省はあんなものですよ」と言う者もいた。それまでの仕事で思い当たることがあったのだろうか。

その後、いろいろな問題が起こった。エイズ訴訟、消えた年金……。

私は、その都度、どこかで聞いたような言い方をするなあ、と思っていたが、最近、この種の話法が広がっているような気がする。

31　国際理解講座

自治大の研修から帰ってしばらくは生活のリズムがおかしかった。無理もない。もう中年なのに、学生のような生活を六か月して、それから普通の公務員の仕事に戻るのはなかなか辛い。何だか反応が鈍くて、時差ボケのような状態、職場にも迷惑をかけたと思う。少しくらいボケてたほうが、周りは喜んでるよ、と慰めなのか、ホンネかわからないような声をかけられながら、平成元年度は過ぎていった。

しばらくして何か勉強したくなった。研修期間中に始めた現代史の読書は続けていたが、何か面白い講座がないか物色し始めた。学びの習慣がついたというと聞こえが良いが、教室で講義を聞く生活スタイルの影響が残っていたというほうが近い。一種の後遺症だったか。

ちょうど手頃な講座が見つかった。

名古屋国際センターが主催する「国際理解講座」で、平成二（一九九〇）年一月から「ザイール理解講座」が始まるという。早速申し込みをして一月から三月まで毎週土曜の午後、国際センタービルに通った。特別嘱託員のサンガ・ンゴイ・カザディさんが十回の講座を企画・運営していた。彼はザイール（旧ベルギー領コンゴ）出身、京大の理学博士だった。

当時のザイールは、モブツ独裁政権の微妙な時期だったが、アフリカ研究者やザイール留学生がいろいろなテーマで発表をしてくれて、なかなか興味深かった。

ザイールの日本語教育、公衆衛生、熱帯薬草、伝統芸術など、今の仕事に関係ないテーマというのがまた良い。それでも、医療はじめ生活レベル向上には、道路網や通信手段などのインフラが重要、切実な問題と聞いてなるほどと思ったものだ。

ザイール理解講座の後、しばらくして今度は「イラン理解講座」を受けた。イラン（ペルシア）は、古の大文明国だから、文化の香り満載で、別の意味で面白かった。イランの人は本当に詩が好きで、詩人を大事にしていることを初めて知った。アラビア文字の新聞を見て、印刷大変ですね、とアホな質問をして恥をかいた。アラビア文字も活字があるに決まってるでしょ！

こうした文化講座に参加してくる人たちも興味深かった。どこの講座にも現れる人、持論を講師にぶつける人、講座仲間を作りたい人……。講座の運営側にもいろいろ苦労があるようだ。

リタイアしたわけでもないのに、どうして文化講座なんかに通ってるの？ ときかれることがあった。さあ、長期研修の後遺症か、単にいろいろな話に興味があるのか。何の役に立つかわからないけれども、充電中ということにしておいた。

ところで、ザイールのサンガさんからは、良い話を聞いた。彼は、ベルギー留学の話もあったのに、縁あって遠く離れた日本に留学することになったのだが、お母さんから贈られた歌の一節をよく思い出すそうだ。

「おまえの運命は変えられない、でも人生の目標にチャレンジしなさい」

32　宇宙人

あなたは宇宙人みたいだ、と言われて気分の良い人はいないだろう。「変人」の度を超えて、地球人でもない、ということだから、オレを何だと思っているのだ、という反応が普通だろう。

でも通常人より並外れている、ということだ、ユニークなことは悪いことではない、と思って、放っておいたら、いつの間にか「あの人は宇宙人だ」とおおっぴらに言う者まで出てくる始末。

しかし、別のところで「役所では宇宙人と呼ばれています」と言ったら、「そんなひどいことを言う人がいるのですか」と、ひとごとなのに憤慨する人が現れた。やはり、人物評価として「宇宙人」は良い意味ではなさそうだ。総理大臣で宇宙人と呼ばれた人もいたが、良い評価で使われてはいなかったはずだ。

自分が宇宙人らしいかどうか、は別にして、実は宇宙人が出てくるお話や映画が大好きである。サイエンスフィクション、ＳＦといわれるジャンルだ。

最初は、挿絵が魅力で、バローズの「火星シリーズ」などを読んでいたが、話題の本を次々に読んだ。クラーク、アシモフ、ブラッドベリ、とあげるとキリがないが、未来技術や異星人の文化が現実と違う前提で話が進むので、何か新しいルールのゲームをするような面白さがあるのだ。

R・シェクリの短編には、宇宙空間での異文化衝突をユーモラスに描いた作品が多い。主人公が異星人で、向こうから地球人をみるとどうなるか、という展開には声をあげて笑ってしまう場面がある。日本の筒井康隆も似たような設定が得意だ。

七〇年代の人気作家L・ニーブンは、アイデア豊富で、奇想天外な宇宙生物たちを登場させる。たとえば、ひまわりのような食獣植物は、太陽光からレーザー光線をつくって、近寄った動物を焼き殺して肥料にする。樹脂がロケット燃料になる木は、災害のときに点火、樹木全体がロケットになって飛び出し、脱出する、など。

映画では、昔からSF作品が多い。空想科学の世界は映画の表現と相性が良かったのだろう。最近の映像処理は素晴らしくて、架空の世界なのに、まるで現実と変わらないように見せる。しかし、映像の凄さに見とれているのも良いが、SFの醍醐味は、今の価値観や固定観念をひっくり返す、奇抜で新しい発想にあると思う。強烈な風刺、現実社会の批判をユーモラスに描き、夢物語なのに、何かを考えさせてくれる。これがSFの魅力だ。

SF作品に親しんでいると、奇抜な発想がふつうに出てきて、それで「宇宙人」と言われるのだろうか。奇抜でも、新しくて、柔軟な考えは、貴重なものだと思いませんか。

自分に理解できないことを言う人を「宇宙人」にしてしまうと、結局何もわからないままになってしまうのではないか。理解しがたいことを言う人は、もっと高い視点で物事を見ているのかもしれないのだ。

燕雀安んぞ鴻鵠の志を知らんや

33　名刺ください

ビジネス・シーンに名刺交換はつきものだ。仕事を始めるときの自己紹介、挨拶に出向いたとき、パーティで同席した人と話すときなど、いろいろな場面で名刺を渡したり、もらったりする。

名刺交換になりそうな雰囲気はわかるものだ。相手が内ポケットに手を入れる仕草をしたら、あ、名刺を出すな、と察知して、こちらも同時に名刺を用意し始める。テレビで、何かの評論家が、「名刺は両手でいただくのが礼儀」とか言っていたが、時と場所に応じて、失礼にならなければ良いと思う。とにかく交換すれば良いのだ。

名刺をもらったらどうするか。連絡に使う大事な名刺はもちろんだが、当面関係なさそうな人でも、とにかく保管することにしている。記憶のため、会った日付と場をメモする。月日だけで良さそうだが、やはり年も書いておいたほうが良い。

保管する理由は、相手も私の名刺を持っているから。直ぐに捨てられたかもしれないが、持っているかもしれない。どこかで使われるかもしれない。手元に残っている名刺ファイルは、私の名刺を持っている、持っていった人のデータリストということなのだ。

もう一つの理由は、次の機会に活用できるからだ。以前に名刺交換した人とわかっていれば、

「去年、○○の会でお会いしましたね」と呼びかけることができる。こちらは覚えていますよ、と良いアピールになる。

パーティの席で、初対面の人と名刺交換するのは、慣れないとなかなかできない。紹介してくれる人もいないと、話すきっかけも作りにくい。それで思い出すのが、自治大学校研修で一緒になった、尼崎市の人。関西のアクセントで、やわらかく、ズバリ言う。

「すんません、名刺ください」

とりあえず名刺をもらっておいて、会話に入る。これでも良いのだ、と参考になった。

私は、肩書が変わらなくても、いろいろなデザインの名刺をよく作った。きっかけは栃木県庁の人からもらった、トチオトメ（いちご）の写真入りの名刺だ。美味しそうな真っ赤なイチゴの写真はほんとに綺麗で、とっておきたくなる名刺だ。これは良い！　と影響を受けて、市のPR名刺のほかにも、目を引くオリジナル名刺をパソコンで作った。

いろいろな名刺を作っていると便利だ。そのデザインをネタに話もできるし、あなたの名刺は以前もらった、という人にも、「新しい名刺ですよ」と、また話題をつなぐことができる。

学校の同窓会で、まるで名刺交換会のようになってしまうことがある。こんなところで仕事の話をするなよ、と言われてもサラリーマンの習性だから仕方ない。自営業や主婦の目から見ると、異様な光景に見えるようだ。そんなときでも私のオリジナル名刺は、普通ではないから、評判は悪くなかったように思う。

34　仕事は何ですか

市役所は外からどんな風に見られているだろうか。

私の学生時代の友人は、ほとんどが企業勤めで、役所のことはよくわからないという。興味がないということもある。まあ、役所ではクビにならず安定していて、公務員は淡々と仕事をこなして給料をもらっている、という理解なのだろう。

企業勤めをしていると、社内の地位や報酬額への関心が高いようで、役所では、いつ課長になれるか、課長の年収は？　という質問をしてくる。もちろん、公務員も待遇や収入に関心はあるが、基本的に勤続年数、年齢順の世界なので差が出にくい。それより、担当する仕事や、人間関係を含めた職場環境に関心が高い。

仕事もいろいろ、職場もいろいろだ。同期で採用された仲間でも、彼は福祉施設だ、あいつは議会担当だ、彼女は中小企業支援だ、と職場はバラバラ、しかも数年でどんどん変わる。だから、久しぶりに会ってまずきくのは、「今どこにいるの？」。所属、職場をきいた次の質問は「それで、何の仕事をしてるの？」役所の中にいる人間でも、具体的にきかないとわからない世界なのだ。

企業勤めの友人たちに、あれやこれやと市役所の仕事を紹介したら、予想以上に多種類の仕事があると知って、へーと驚いた顔つきになった。あんなことも市の仕事？　そんなことも公務員の仕事？　というわけだ。いったい市役所の仕事は何なのだ。

商品がいっぱいのデパート、いや、いろんな仕かけのあるテーマパークじゃないか、とおもしろい話になった。テーマパークと聞いて、新しい東京都庁に行ったときのことを思い出した。

東京都の新庁舎は、平成二（一九九〇）年に竣工、当時は超高層の新名所だった。私も自治大仲間の都職員を訪ねて見学に行った。高層階行きのエレベータに乗ったら、中年女性のグループがドタドタと乗り込んできた。にぎやかにお喋りしていたが、私が降りようとしたら、

「え、ここどこ？　労働部だって。ここまだ見てないね、降りよう！」

またドタドタと一緒に降りた。新しい都庁はテーマパークのように思われていたらしい。

役所の中を見て回ることは案外面白いかもしれない。職場の様子や職員の動きがよく見えるような見学コースをつくって、市役所に親しみをもってもらうのも良いだろう。

しかし、庁舎内を見学しても、市役所の全貌はわからない。たくさんの仕事があって、おおぜいの職員が働いているところまでは良いが、何をやっているのか、中身まではわからない。しかし、それが市役所というところなのだ。市民の窓口は、大半が国でも県でもなく市役所だ。市民に関係することであれば何でも市の仕事になる。テーマパークのアトラクションはあらかじめ決まっているが、市の仕事は決まっているようで、そうでない部分もあるのだ。

だから、市役所の仕事全部を簡単に説明することは難しい。毎日毎日、ずうっと同じ仕事もあれば、前例のない特別な仕事もある。どこまでが境界かもはっきりしない、不思議な世界なのだ。

35　退職勧告

――公務員の不祥事が、新聞で大きく報道されるのはなぜだろう――。

これは、人事課主査時代につくった汚職防止ハンドブック「クリーンアップ」の書き出しだ。そのころ、一九八〇年代前半は、全国的に公務員の不祥事が頻発していて、名古屋市も例外ではなかった。再発防止のために、職員向け啓発冊子をつくることになり、退職準備プログラムの冊子をつくったことのある私が原稿を書くことになった。

ハンドブックだから、法令の解説や事例などに加えて、創作コラムを入れてみた。

「供述のくい違い」というタイトルで、汚職の新聞記事を見ている夫婦の会話だ。

「ひどい公務員ね。現金を貰って賄賂じゃないなんて」

「業者は要求されたので、個人預金から工面したって言っているね」

「あなたが役所で仕事するときに、こんな公務員が担当だったらどうするの？」

……これはフィクションだったが、ほとんど同じことが現実に起きた。

平成二（一九九〇）年、土木局の総務課管理係長に配置換になった。十年前に係員として在籍していた係だが、係長になってみないとわからない仕事もいろいろある。

ある日、土木事務所長が暗い顔で相談にやってきた。事務所の技師が、業者の監督員に借金をしているという。請負の社長が直に来て言うには、ちょっと五千円、きょうは一万円、という調子で頻繁にたかるそうだ。監督員が社長に泣きつき、実態がわかったということだ。

賄賂の意識なしに要求するという、コラムで書いたパターンと同じではないか。

話を聞いた上司の総務課長は即座に言った。

「これは賄賂だ」

それで、私も即座に動いた。

その日の午後六時にその技師を呼び出し、実情を問いただした。素直な男で、現金をたかっていたことはあっさり認めた。奥さんからもらう小遣いが少なくて、つい借金してしまう、という。女房がきつくて、と人なつっこい感じで話す。なんて甘いんだろう、と思った。

「あなた、公務員に向いていないと思いませんか？」

え？　とびっくりした顔を見せた。自分の立場が理解できていないのだ。

「あなたがやっていることは、民間なら問題ないかもしれない。しかし公務員は絶対にだめだ。そういう世界が向いていないなら、退職金が出るうちに辞めたらどうですか」

退職金が出るうちに、という言葉を聞いて、自分が危険な状態にいることがわかったようだ。

その場で退職願を書いてもらい、その翌日、退職辞令を交付した。土木事務所長から話を聞いてから、二十時間くらいの早業だった。

36　マークされる公務員

請負業者に小遣いをせびっていた技師は、退職を勧めたら、あっさりと辞表を書いた。

そうしたら、しばらくして、以前から面識のある刑事さんがやって来た。

「技師をクビにしたね」

そうか、もう警察は調べに入っていたのだ。ギャンブルで金が欲しかったらしいね、と刑事さんのほうがずっと詳しい。汚職――知能犯の担当は、犯罪の温床がないか、いつでも調べているという話は本当なのだ。

現職の公務員でなくなったので、マークするのを止めたのだろうか。市は、犯罪者を出さずにすんだが、警察は面白くないかもしれない。刑事さんはそこまで言わなかったが。

「市職員を逮捕」は、警察にとって魅力なのだと聞く。警察が悪い役人を捕まえた、よくやった、と世間が褒めてくれる。何しろ、日本では、汚職は悪事の代名詞として忌み嫌われている。時代劇では、汚職まみれの悪代官が成敗されて一件落着、のパターンが繰り返されているのだ。

では、公務員はどうすればよいか。マークされる、狙われる公務員はどういう人か。

私の経験では、警察は、事件の捜査にあたっては、「悪いヤツ」を探そうとしているように見える。

悪事をはたらいたから悪いヤツ、というより、悪いヤツは悪事をはたらく、という発想のように思うのだ。それで、ふだんから「悪いヤツ」を探して追っかけている。

業者にたかる、公金を流用する、部下を虐める、不倫など、ウワサだけで証拠はない、証拠があっても起訴できるようなレベルでない、その程度の「悪いヤツ」をマークしている。

汚職事件では、特定の被害者がいない。あえていえば納税者が被害者だ。警察も被害届もないのにいきなり摘発はできない。そこで日常的に、事件になりそうな案件、関係しそうな人物をマークしているということだ。

では、どんな人がマークされるのか。まず、公務員であること。汚職は公務員が絡まないと成立しない犯罪だから、公務員であること自体が対象になる。そして、権限を持つ役付か、ヒラでも実力のある職員。もちろん、投書やウワサなどがあれば本格的に調べ始める。

それから、ふだんの生活のチェック。金遣いが荒くないか、金に困っていないか……。家の新築・増改築、車購入などの高額の出費、金が欲しくなる要素……ギャンブル、愛人、金銭トラブル……みな対象だ。金に困っていなくても、仕事に不満がある者も「犯罪者予備軍」といわれている。昇進の見込がなくなるなど、目標を失うと、規律を守る気が薄れるそうだ。

こうした話は、私が汚職防止ハンドブックを書いた昭和六十年代に仕入れた知識からだ。

今はどうか。確たる証拠はないが、公務員へのマークはなくなっていないと思っている。

では、公務員はどうしたら良いか？　簡単だ。ふだんから、善良な市民として生活していれば何も心配することはない。ただし、アドバイスをひとつ。なるべく日記をつけておくことだ。

37　採用待機

平成四（一九九二）年、名古屋市は採用試験合格者の全員を四月に採用できず、しばらく待機してもらっていた。六月頃と思うが、某週刊誌がこのことで特集記事を組んだ。

「名古屋市、試験合格者を採用できず、自宅待機させる」

正確ではないと思うが、そのような意味の書き方だったと思う。採用の待機は、全国各地の自治体でやっていることだ。ただ名古屋は数字が大きかったようで、名指しで記事になった。週刊誌は全国紙に広告を出すので、新聞報道とおなじくらい効果がある。

時期が悪かった。

平成四年は、バブルが崩壊して、日本経済がはっきりと景気後退に入った時期で、確かに就職が厳しいときだった。そんなときに、公務員試験に受かったのに、いつ採用されるかわからず、待機している若者が全国で大勢いる、特に名古屋では……と、社会問題の元凶のように書かれた。

事前に取材はあったらしいが、担当者も、これは例年のことで、公務員の採用ではよくあることだ、と問題意識もなく、記事になるとは思っていなかったようだ。合格者を採用候補者名簿に載せ、成績順に採用するのは法律の規定どおりで、何も問題はないのだから。

しかし、週刊誌の話題だけでは済まなかった。自治省から、事情を説明に来い、と呼び出しがかかり、採用計画の担当主査と二人で説明に赴いた。

法令どおり運用しています、と言えるよう、理論武装して行ったが、担当官は用意した質問を順に聞くだけで、何かを追及するような雰囲気はない。机上に、調査表がたくさん積んであるところを見ると、全国の自治体からヒアリングをするのだろう。ちょっと雑談してやろう、と思った。

「この調査、全国を調べるんですか？　たいへんですね」

「そうなんですよ！」

なかなか良い反応だ。ヒアリングもたいへんだが、終わったら、まとめて報告書を作らなきゃいけないでしょう、と事務屋らしい会話をするうち、親近感を持ったようだ。実は、県の派遣職員だと打ち明けてくれた。国には、人手不足を地方からの応援で埋める手があるのだ。

こきつかわれてます、というボヤキも聞いてあげて、ヒアリングは無事終了した。

名古屋市のやり方が否定されたわけではなかったが、この件をきっかけに、採用待機は止めることになった。合格者は、四月に全員採用し、臨時的に、仮の勤務場所に配属する。どこかで欠員が出て、その補充に異動するまでは、仮の職場で研修を兼ねて勤務するわけだ。

臨時の職員配置を断る局もあった。どの課に配置するか難しい、短期は使いにくい、途中で抜けると困る、といろいろ理由をあげてくる。たとえ短期でも活用方法はあると思ったのだが、新しい仕組みに戸惑ったのだろうか。

38　交渉

仕事の打ち合わせにしろ、組合交渉にしろ、モノの売買にしろ、交渉時に意識しておくこととして、私が考えるのは、立場、優先順位、経過の尊重、の三つだ。

「立場」とは、相手との関係といってもよい。どちらに力があるのか、どちらがお願いする立場なのか。交渉とは、どちらかが持っている優位を変更する手続きなのだ。

立場が弱いほうが、その差を縮めるとき、特に交換条件もなくて、お願いするしかない場合の方法は、まず、「動く」こと。お願いするのだから、こちらから相手のところに出向く。面会できたら、元気な声で挨拶、速足で相手の近くに寄る。営業マンのやり方だ。

あるいは、位の高い者を出す。肩書のランクをあげて立場の差を縮める。また、人数を増やして交渉の場に大勢参加させて圧力をかける手もある。しかし、役人の場合、肩書や人数の圧力には却って反発し、逆効果になることがあるので要注意だ。

お邪魔したい、といっても、なかなかアポが取れないことが多い。来てくれなくても良い、と丁重な返事だが、実は来られると困るのだ。立場が弱いほうがその差を縮めようとして出向いて来ることがわかるからだ。面談できるかどうか、会ってもらえるかどうか、もポイントなのだ。

「優先順位」を意識するということは、一番の要求事項が何か、をよく考えて交渉することだ。相手には、他の事柄は我慢できても、絶対に譲れないものがあるはずで、また、絶対にしてほしくないこと、それを止めてくれたら他は譲る、ということもあるだろう。それがわかれば交渉はずいぶん楽になる。取引ができるからだ。逆に、自分のほうの優先順位もはっきりさせておく必要がある。第一番に欲しいもの、絶対に取られたくないものが自分でもあやふやではダメだ。この優先順位を相手にいつ示すかも交渉のポイントだ。相手の優先順位を知っているほうが交渉を有利に進められるからだ。

「経過の尊重」とは、交渉を逆戻りさせないということだ。一度決めたことを前提に次の交渉段階に入っていくので、戻って議論するのは明らかにルール違反だ。

いったん決定された事項を変更しないのは当然のことだ。しかし、もう少しこちらも譲歩できそうなことになったらどうか。相手はきっと喜ぶから、修正案を出して良いか？

答えはノーである。ルール違反はもちろんだが、相手に良かれと思ったことがそうでない場合もある。特に、労働組合のように組織で要求しているところは、その都度機関に諮って了解を取り付けている。仮に「おいしい話」でも、また組織内で議論が蒸し返しになり、収拾がつかなくなることになる。いったんは交渉を閉じ、残った宿題は次の交渉のお楽しみ、としておけば良いのである。

39　労務の達人

公務員の世界にも労働組合がある。法律上は、勤務条件を話し合うための「職員団体」だが、団体側も当局も、互いに、「われわれ組合は」、「組合はどうか」などのように労働組合の意識でいる。「話し合い」も、実質は、要求に対する交渉、というとらえ方をしている。

昭和の時代は、官庁系の労働組合＝官公労が強かったが、その背景は間違いなく高度成長経済だ。企業は儲かる、役所は税収が増える、という幸せな時代で、労働者もその分け前にあずかっていたわけだ。給与以外にも、勤務条件の改善という名目のプラス、フリンジ（福利厚生など）を手厚くできた時代だった。だから、この頃の交渉は、要求をどれくらい認めるかがポイントで、ゼロ回答はない、何かを持って帰ってもらう、その話し合いをしていたといって良い。

それが、財政の悪化で様変わりした。交渉の争点は、組合側の要求から、当局からの提案（当局だから要求といわず提案という）に移り、組合が守る側になってしまった。

退職金の削減、現業職の委託、特殊勤務手当の廃止など、組合にとっては重い課題ばかりだ。

こうした交渉の前面に立っていた労務担当の課長や部長には、それぞれ独特の交渉スタイルを持つ達人がいて、同席していると感心することが多かった。

退職金削減という荒業を通した課長は、三日連続の徹夜交渉をして、組合が悲鳴をあげた。動員された一般組合員は徹夜の連続に耐えられない。当局は絶対に引かない、という強気の勝負で、僅かな経過措置をつけただけで押し切ってしまった。

物腰柔らかい部長は、相手の要求を、そうかね、そうかね、と聞く。相手が調子に乗って、余分なことまで言い出したところで、それはないだろう、と逆襲に出る。どんどん攻めさせて、戦線が伸びたところで相手の弱いところから反撃する、一種の「焦土作戦」だ。

当局提案を組合に大量にぶつける課長もいた。なかには、組合が絶対にのめない、タブーのような提案まで平気で入れる。組合が激高して騒ぎになったところで撤回し、その他の提案は認めさせるやり方だ。政府が法案のなかに、野党が反対したら撤回するつもりの箇所をあらかじめ入れておく「かませ犬」テクニックと同じだ。

組合側にも交渉に長けた役員がいることはいうまでもない。組合の場合は、組合員の合意、機関決定という民主的手続きが必要で、役員には組合員を統率する政治力も必要なのだ。

しかし、公務員の勤務条件は、交渉技術で凌ぎを削るよりも、もっと大きな流れで動いている。歴史的にみれば、官庁のしごとは、着実に民間に移っている。移り方に波はあっても、スピードの違いはあっても、官から民へという流れは止まることがない。

将来も公務員の勤務条件が労務交渉で決まっていくかどうか、予想が難しいところだ。

40　お夏清十郎

平成五（一九九三）年のこと、市会本議会で千種区のY議員がいわゆる爆弾質問をした。

「労働組合の役員が勤務時間中に組合活動をしている。これはヤミ専従だ。この役員は環境事業局の現業員だが当局は何ら是正しない。どうなっているのか」

「申し訳ない。是正する」答弁は環境事業局長だったが、問題は全市的なことだった。

労働組合（職員団体）の役員は、休職許可をとれば、組合活動ができる。給料は出ないが、職員の身分はそのままなので在籍専従という。組合員が出す組合費で専従者の給料をまかなうわけだ。

ところが問題の職員は、Y議員が指摘する通り、給料をふつうにもらいながら職場を離れ、組合事務局で、組合の業務をしていた。休職すれば良いのだが、期間には上限があって、彼はその期間を使い切っていたのだ。組合の業務を続けるなら退職しなくてはいけない。

給料を貰って組合活動している、のは事実で、これまで市当局も、組合も、そして議会側もこれを黙認し、避けていた問題がここで明るみに出てしまったことになる。

当時の労使交渉は、折衝で対立はしても、最後には落としどころで妥結する「円満な解決」が多かった。交渉の最前線に立つ役員は、当局と組合のパイプ役だ。このとき標的にされた役員は、まさにそのパイプ役として適任者だった。

取材に来た新聞記者が名前を聞くと、一様に「悪い人じゃないのに」と感想を漏らしたほどだ。専従の正常化は、組合側も是正に応じたが、問題は給料の返還だった。分割払い、一部免責、過去の利息の扱い、など細かい案を作ってはみるが、なかなか結論は出なかった。

そのとき、職員部長が言った。

「お夏清十郎だよ」

え？　と真意を図りかねていたら、解説をしてくれた。

「近松の世話物にお夏清十郎というのがあるだろう（豪商の娘お夏が使用人の清十郎と恋に落ち、駆け落ちするが捕らえられ、清十郎は誘拐罪で打ち首、半狂乱になったお夏は行方不明になる）。あの江戸時代には、二人のやったことは認められなかった。昔の人も、それはひどい、何とか助けてやりたい、でもできない、可哀想だ、といって涙を流した。で、芝居も大当たりだった。その時代だから可哀想だとかいうことはある」

結局、部長は妥協を許さず、法令の規定通り運用すべし、となった。心情的な判断で勝手に解釈を変えることを止めたわけだ。さらにいえば、この部長は、古い職員部体質を変えようとしたのだと思う。労務交渉では、双方の主張を足して二で割る調整型の妥協が多い。いつも同じやり方をすれば良いというものじゃなかろう、と言いたかったようだ。

それにしても、待ち出した例がなぜ「お夏清十郎」だったのだろう。

41　世代の違い

私のような団塊の世代は、小さいときから競争社会で揉まれている。しかし、競争社会で育ったから闘争心が強いかというと、そうでない者もいる。どうしても競争はあるから、勝者と敗者に分かれるし、勝つときも、負けるときもある。何かで勝っても、別のところでどうしても勝てない、というのはよくあることだ。だから、いろいろなヤツがいるなあ、という感覚、多様性の理解は小さいときから身についていたように思う。

幸か不幸か、全体の数が多いものだから、何かで劣っていても、特定の誰かに負けた、と思わなくても良い。どこかに優秀なヤツがいるんだろう、ですませば良い。

世代間のライフスタイルの違いを言う人がいるが、実際には個人差もあるし、その場、そのときの状況にもよると思う。しかし、やっぱりこれは世代の違いかな、と思うことがあった。

平成はじめの頃の人事課は、定時になっても簡単に帰らない、居残り残業の多い職場だった。

その日も、部屋全体で十人くらいが居残っていた。一緒に何か作業をするわけでもなく、打ち合わせするわけでなく、各人が何かの仕事（らしきこと）をしていた。

午後七時近くになって、もう、きょうは飲みにでも行こうか、という話になった。

時間をかけていても効率が悪い、きょうは止めて気分転換すれば、逆に明日からスイスイできるかも、それもそうだということで話がまとまった。

後から合流します、という連中を残して、私たち四人が先に部屋を出た。場所は、皆が知っている、いつもの居酒屋で、ということにした。ちなみに、先に出た四人は団塊世代、後から行くといった者は五、六歳下の後輩世代だ。

ところが、約束の居酒屋は、あいにくの超満員。待つのはいやだ、と同じビルのなかで、空いている店を探し、そこで四人で飲み始めた。

しかし、後から来るといっていた連中がいっこうに現れない。約束の店に私たちがいなくて困っていないか、という声もあったが、近くを探せばわかるだろう、それとも、別のところに行ったのだろう、と勝手に解釈して放っておくことにした。結局、最後まで合流することはなかった。

翌日、昨日はどうしたの？　ときいたら、約束の店の前で三十分くらい待っていましたが、みえないので帰りました、という。ああ、それは悪かったね、と言ったものの、彼らの行動が理解できない。じっと待ってるなんて、従順すぎないか。かえって心配になる。

団塊世代がわがまま過ぎるのか、下の世代の振る舞いがこれからの主流なのか。

この話を、戦前生まれの先輩に話したら、予想外のコメント。

「待っていた、はウソだな。上の人と一緒に飲みたくなかったのだろう」

人の言動から何を想像するか、私たち世代とは違っていた。下の世代との違いを考えていたが、上の世代との違いも確かにあるようだ。

42　話を聞け

以前お世話になった先輩が区長に昇任したので、ささやかなお祝い会を開いた。

区長になると、地元団体との会合が立て続けにあって、そっちのほうが忙しい、と半ばぼやいていたが、人と話すことが好きな人なので、上手に付き合っているのだろう、と思っていた。

ところが、と言って面白い話をしてくれた。

「区長経験者の先輩が、お前さん、ちゃんと地元の話を聞いているか、と言ってきた」

「はあ」

「この間、地元の○○さんに会ったら、今度の区長さんはちっとも話を聞いてくれないと言っていたぞ、と言うのだ。おかしいな、区長になったら地元の人が言うことは一生懸命聞け、と言われていたからそのつもりで聞いていたのに、おかしいなと思ってさ」

続けて聞いていたら、その意味がわかった。

人に話をするときに、最初から言いたいことをズバリ言わない人がいる。いろいろ他の話もしたうえで、ところで、と本題に入る人がいる。むしろそのほうが多いかもしれない。

問題になった地元の人との会話では、街路灯が話題になったそうだ。街路灯が少ない、と聞いた

区長さんは、パパッと頭を働かせて、

「街路灯ですか、土木事務所が担当ですね、さっそく私から話をしておきます」というような答えをしたそうだ。これでは、確かに話は聞きました、その答えはしました、と展開が早すぎたのかもしれない。

本当に言いたいことは別にあったかもしれない。人の話を聞くときは、聞けば良いというものじゃない、本音を聞き出すのが大事なんだよ、という話だった。

これは確かにそうだ、と思って気をつけることにした。

そういう意識で会話に注意していると、直ぐに人の話を横取りして、自分の話を喋っている人が結構いることに気がついた。

趣味は何ですか、ときくから、音楽、と答えると、

「音楽ですか、私はジャズが好きで、特にビッグバンドの……」と勝手に自分で喋って、私の好きなワーグナーのことを聞いてくれない。つい、「人の話を聞け」と言いたくなる。

こういう人に向かって、

「君は人の話を聞かないね」と言ってみると面白い。

「え？　そんなことはありません、この間も、みなさんの話を聞いていましたよ」

「だからさ、今、私は、君は人の話を聞かないね、と言ったのに、自分はどう思っているかを喋っている。私の話を聞く気なら、『そんな風に見えますか』って言わなくちゃ」

Ⅲ　働く楽しみ

43　プロジェクト室

平成六（一九九四）年、総務局のプロジェクト室主幹に昇任した。組織が小さいので課といわず「室」といい、課長といわず「主幹」というが、いちおう課長職だ。

課長になれば、係長よりも面白いかと思っていたが、最初からそんな実感はないものだ。ほんとに小さな組織で、部下は主査一人、担当の主事一人という構成だ。部下の数といえば、七年前の認定係長では八人いたのに、その後の管理係長では六人、人事係長になると五人、と減りっぱなし、課長になったらまた減った、と軽口の材料にしていた。

プロジェクト室の沿革は、本山市長時代の「調整担当」からだ。革新自治体の先駆者だった横浜・飛鳥田市長時代の手法を手本にしたものだ。当時の横浜市では、トップの意向を受けて政策を進めるエンジンだったようだが、名古屋ではそうした機能は薄められて、市長直轄ではあったが、複数局が関係する事業の調整が主な役割だった。

平成六年だから、財政にはまだ余裕があったが、先行き厳しくなることはもうわかっていた。むしろ、それだからこそ、今のうちに有効な投資をして、都市の魅力を高めよう、と言われていた。この頃の市のスローガンは「住みたくなるまち名古屋」だった。

前任者から、「人事課の感覚でここへ来るとビックリするよ」と言われたが、内心、それは面白そうだ、と思ったものだ。街の魅力を高めるアイデアを考え、それを実現するプランを練る、こんな楽しいことはないではないか。頭をやわらかくしないと戸惑うぞ、とも言われたが、頭がやわらかいことには、ある種の自信があったので、ますますやる気が出てきた。

ところが、考えてみれば当然だが、街の魅力を高める政策なんて簡単なことではない。新しい事業を現実に成功させるのは、並大抵のことではないのだ。

毎月一回、「プロジェクト・レポート」と称して、市長と助役（現在の副市長）に、そのときの内外のニュース、情報を報告する場があった。ときには調査検討を指示されることもあった。毎回、いろいろ調べて報告するが、画期的な提案ということにはならなかった。他団体の話もバラ色の成功談が減って、逆に、宮崎のシーガイアは赤字らしい、川崎は地下鉄建設を止めるらしい、など暗い話題も出始めていた。

民間企業との定期的な研究会もあった。地域開発に積極的な企業の部長クラス二十人ほどがメンバーで、できたばかりのトヨタ産業技術記念館をヒントに、企業博物館の研究や、全国でも注目の福岡キャナルシティの調査など、活発に意見交換する有意義な会だったが、そのうち休眠状態になってしまった。メンバーが、人事異動で替わるとそのポストも廃止になるケースが増えたためだ。企業も、地域の新規プロジェクト研究どころでなくなってきたのだ。

44　名古屋ボストン美術館

名古屋ボストン美術館は、平成十一（一九九九）年に中区の金山南ビル内に開館した。米国ボストン美術館の所蔵品を展示する「姉妹館」だったが、契約期限の二十年後、平成三十年に契約を延長することなく閉館した。今後の施設のあり方には課題が多いようだが、それはそれとして、開館に至るいきさつについて、当時関わった一人として、記しておこう。

ここで登場する団体は、名古屋商工会議所、米国ボストン美術館、名古屋市の三者である（それぞれ、名商、ＭＦＡ、市と省略する）。

名古屋の地で、ボストン美術館の所蔵品を常時展示するというアイデアは、これまでにないユニークなものだった。運営は名商が主体になって行い、展示関係の費用をＭＦＡに支払う。場所は、市が再開発中の金山南地区だ。建設中の高層ビルには高級ホテルが予定されていたが、美術館併設なら相性も良い。市は、美術館開設を前提に、ビルの設計を進めることにした。

こうして事業は進み始めた。関係者はみな楽しい夢を描いていたはずだ。

ＭＦＡは経営に苦労していた。もともとは市民の寄附で支えられて堅実な経営をしていたが、大型駐車場の整備など多額の投資がキズになってきたと言われていた。名古屋との連携事業がうまくいけば、継続的に展示品の貸出料と寄附金が入ってくる。学芸員の仕事も増える。名商は救済の白い騎士のように見えただろう。

名商は、良い買物だと思っていたようだ。寄附金は払うが、印象派の名画や浮世絵、絵巻の逸品が展示されれば、入場料、グッズ販売で採算はとれる、と踏んでいた。企業のメセナとして胸を張ることもできる。

市は、金山の再開発に弾みがつくわけで、悪い話ではない。高級ホテルの誘致が成功すれば、金山地区のにぎわい、活性化に役立つ。

こうした思惑が「ボタンの掛け違い」だったことは、名商とＭＦＡが交渉するうち明らかになる。ＭＦＡから示された、契約のたたき台になる覚書（レター・オブ・インテント）は、名商にとって厳しい条件で、会員が聞かされていた夢とはかけ離れたものだったのだ。

私がプロジェクト室主幹になった平成六（一九九四）年は、まさに名商が最終判断するギリギリの段階だった。市は名商の判断を待つしかなかったが、ビルのことがあるので止めてほしくない。

この事業には、計画局、市民局、教育委員会と数局が関係するので、総務局プロジェクト室が担当しろ、ということになった。こういうときのためにある組織だ、とか言われて。

担当して早々に悪いニュースが入った。誘致していたホテル（リッツカールトン）が最終的に撤退するという。逃げられたと言っても良い。美術館とセットで考えていた目玉施設が白紙に戻り、美術館も要らないのではないか、という意見まで出てきた。ピンチだ。

45　基金で支援

平成六（一九九四）年五月の連休明けから、名商はＭＦＡと契約前の最終的な詰めに入った。しかし、名商の内部では、ＭＦＡへの反発が高まっていた。ＭＦＡは、展示テーマ、展示作品の決定権は絶対に譲らない。そうなると、観たいものが観られないのか、その代わりにガラクタが来ても文句言えないのか、という声が出始めた。寄附金も改めて確認すると大変な額だ。総額で二百七十億円の寄附を要求しているのだ。

この覚書は、不平等条約だ、いやハル・ノートだ、と、またアメリカと戦争するのかと思うような発言まであったらしい。名商はこの話をご破算にするのではないか、という見方も出てきた。

市は困った。金山南ビルはすでに美術館が入る前提で建設を進めていた。プロジェクト室、何とかしろ、と指示が来た。とにかく開館させよう、と名商を支援する案をつくった。室長がアイデアを出し、私と主査がその具体化と収支見通しの計算をした。

支援する案は、市と愛知県で十五億円ずつ、合わせて三十億円で基金をつくり、その運用益（利息）を運転資金とするものだ。二十年後には全額返還してもらうので、無利子の貸付けと同じだ。案は市長のところで固まったが、その時点では愛知県や市議会には何の相談もしていない。

六月三日、地元紙の夕刊一面に記事が出た。「開館後の赤字肩代わり　名古屋市、名商へ打診」私の想像だが、市長は名商会頭に方針を伝え、地元の新聞社から取材を受けさせたのだろう。翌朝は、蜂の巣をつついたような騒ぎになった。ニュースを知った他紙の記者たちが押しかけてきたが、何も答えなかった。私には、市長が何を話したかわからないのだから。

登内助役が、佐治副知事に説明に行くというので随行した。副知事は「あなた、忙しいのに……」と助役の顔を、ほんとに同情のまなざしでじっと見ていた。お詫びに来た者にはこんなふうに接するものなのか、と今でも印象に残っている。

市からのアクションがあって、名商はＭＦＡと基本合意、名古屋ボストン美術館は開館に向けてようやく動きだした。

しかし、市議会のほうは、簡単には治まらなかった。

まず、市民不在で行政が動いているという批判だ。議会が知る前に、新聞報道があったことは全く面白くない。それから、財界主導の事業の赤字に、税金を使うなという批判だ。某紙の社説では「市の負担がたれ流しにならないか、市議会にはこのような事態を心配する声はないのか」とあり、議会人の血を刺激したに違いない。

六月議会では各党がボストン美術館をテーマに質問にたち、それも調整なしの「ガチンコ」質疑が多かった。プロジェクト室では、想定質問の答弁書を六十以上用意した。僅かな例外を除き、登内助役が全て一人で答弁した。ひとつの案件で、全会派から質問があり、しかも答弁者が助役一人、こんなこともあるのだ。

46　委員会デビュー

課長職になると、市議会の委員会の説明員になる。本会議に出席して発言するのは、市長以下局長までで、委員会になると、局長以下課長級までが出席、発言を求められる。

委員会では、議事案件の範囲内なら、どこから質問が飛んでくるかわからない。ベテランの課長でも、委員会の前には緊張する。間違えてはいけないし、答え方ひとつで、紛糾することがあるから、緊張するのも致し方ないことだ。課長職になると、「いよいよ委員会デビューだね」と言われたりする。

私のデビューは、平成六（一九九四）年六月二十一日だった。実は委員会ではなく、当時の制度でいう「部会」だ。部会は、委員会と同じメンバーが「部員」になって、市に意見を言う会だ。後に、市の諮問機関みたいでおかしい、ということで廃止され、議会側が主体的に行う調査委員会に変わったが、会議の進行は、部会でも委員会と同様だった。

さて、この日の総務民生部会のテーマは「名古屋ボストン美術館」。

六月下旬開会の六月議会は、各会派が入り乱れてこの問題を取り上げ、「まるでボストン議会」と呼ばれたが、その前哨戦がこの部会だった。

市議会を揺るがす大きなテーマとあって、議員のほうも気合いが入っている。とても、新人主幹の初答弁に注目してもらえる場面ではなかったが、私なりに事前の準備をした。

主幹レベルの答弁は、現状や数字の説明などだから、収支見通しの数字などに答えられるよう、資料を整理して勉強した。大きな方針の質問には、上司が答えるだろう。

発声練習もした。特に練習したのは、職名の発声。「長谷川プロジェクト担当主幹」と、最初の発声がよどみなくできるよう、声に出して練習をした。第一声は重要なのだ。

部会が始まると、他の議員が続々傍聴にやってきた。六月議会を前に、質問準備のためか、あるいは興味・関心からか、例のない光景だ。そんななかで出る質問は、政策にかかわるような大きな話ばかりで、私には荷が重い。時々、数字の確認をするような、私の答弁にピッタリの質問が出たが、そういうときに限って、位の高い人がサッと手を上げて答えてしまう。上の人も勉強しているから、答えられるのだが、主幹のデビュー発言を取らなくても良いのに。

きょうは出番なしか、と思っていたら、終盤に基本的な質問が出た。

「きょうの説明で、決まったということか。これで終わりにするつもりか」

沈黙。誰が答える？　局長か、理事が適任だが、顔を見合わせている。思い切って手を上げた。

「最終的には、来年度予算を審議するときに、ご判断いただくことになります」

そうか、予算で出たときに決めればいいんだ、という納得の声が出て、部会は散会した。

答弁は悪くないが、上司に僭越だったか。でも第一声がスムーズにできたので、気分は悪くなかった。

47　文化はどこへ

名古屋ボストン美術館は、名商の事業だが、市は途中で止められては困る。支援策として基金への出捐、賃料の減免などの財政援助を考えていたが、当然予算案という形で議会の承認が必要である。そこで、しばらくの間は、議会の理解が得られるよう調整に動くことが仕事になった。

財界からの説明がない、という声に対しては、名商から議会に協力要請する場をセットした。谷口会頭が、各会派を訪ねて協力を訴えたが、財界トップが議会に足を運ぶのは異例のことだ。

また、市会議長以下の海外視察先に、ボストン美術館を加えてもらい、現地説明の機会をつくった。現地のアテンドは、名商会員企業のニューヨーク支店に任せた。市職員は随行せず、名商が前面に出るよう配慮した。

議員への情報提供は、会派単位だったり、個人単位だったり、とにかく丁寧に説明するようにした。それでも、大物議員が立腹と聞くと、日曜日に私の車に局長を乗せて、議員宅に説明に行く、ということもあった。

こうした動きが功を奏したか、九月議会の本会議では、援助の是非を問う質問と並んで、市民へのＰＲ方法や展示品の質問が出始め、ようやく了承の方向が見えてきた。

美術館は、平成十一（一九九九）年に開館、プロジェクト室は、文化振興の担当局に任せて手をひいた。しかし、個人的には心配していた。二十年、ちゃんと展示が続くだろうか、その後は？

正直にいって、収支の見積もりは、相当甘く計算されていた。基金運用の利率を高く見込み、為替レートは円高を前提にしていた。資金運用の目論見が甘いことは承知の上で、とにかく美術館オープンにこぎつけることを最優先していたのだ。

私自身も賛助会員に登録し、展示会に足を運んだ。鑑賞するうち、美術品を観る目が養われたことは間違いない。平治物語絵巻に圧倒され、ゴーギャンの奥の深さを知った。人気の企画展が続いて、市民の人気が定着すれば、と期待していた。

しかし、美術館は、開館十年で存続の危機に見舞われた。延命策がとられて、残り十年の運営が可能になったが、貸付の約束だった基金は取り崩されることになった。この時点で、契約延長が厳しいことがはっきりした。松原市長は「これが最後の支援」と言った。

そして開館二十年目の平成三十(二〇一八)年、名古屋ボストン美術館は閉館、街の声が新聞に載った。

「採算がとれないなら仕方ない」

まいったな、市民も採算が大事か。行政や議会が採算を重視するのは当然だが、芸術文化を楽しむほうの市民も、採算を理由にするとは。最初の収支計算も甘かったが、市民の文化意識が高まるという期待はもっと甘かったようだ。

このところ、美術館に限らず、劇場、ホールなどの文化施設の閉鎖が続く。その昔、「芸どころ」と言われた名古屋の文化はどこへ行くのか。

48　平和資料館

そんな仕事やってるんですか？

総務局のプロジェクト室にいた平成六（一九九四）年から二年間は、そういう質問をよく受けた。外からは、市役所にそんな仕事があるの？　と、見えたのだろう。

プロジェクト室は、担当する組織が決まっていない仕事に「試しに」取組み、本格的な市の政策に育てるところだ。本格的な、というのは、組織が決まって、予算も人員も確保された状態だ。仕事を育てるわけだから、インキュベーター（卵の孵化器）です、と説明していた。

名古屋ボストン美術館の場合は、開館後は市民局の担当になったし、同室の別の担当主幹は、県有地と工場跡地の活用を検討していた。この土地は、後に、西部医療センターになった。

以前には「ごみの減量」も担当だった。政策に練り上げ、環境事業局に移管するときは、「ウチはごみを集めるのが仕事で、ごみを出すな、とは言えない」と抵抗があったらしい。結局、いまの形に落ちついたが、何事も現状を変えたり、新規事業を始めるのは簡単ではないのだ。

そういうなかで、新しく浮上してきたのが「平和資料館の建設」だった。

名古屋は、第二次大戦で大空襲を受け、街は焼け野原になった。軍需工場が多かったこともあって、全国でも、空襲の被害は群を抜いて多い街だ。

以前から、市民の間で、戦争の資料を展示する施設の建設の声があがっていた。市も「平和都市宣言」（昭和三十八年）はしていたが、資料館の話は先送りになっていた。

その機運がまた出てきたのは、各地で平和（戦争）資料館の開館が相次いだこともある。

ピースおおさか（大阪府・大阪市）一九九一年

川崎市平和館（川崎市）一九九二年

埼玉ピースミュージアム（埼玉県）一九九三年

市と同じく資料館建設の要望を受けていた愛知県から、共同で検討を進める話が持ちかけられて、市の担当窓口はプロジェクト室ということになった。県市共同の検討委員会ができて、私も委員になった。学識経験者、県市の議員代表も入った大きな会議で、検討に時間をかけるつもりだな、と想像できる構成、進行だった。

県に付き合って会議に出ていれば良いのかな、と思っていたら、終戦五十周年の話が出てきた。平成七（一九九五）年は、昭和二十（一九四五）年の終戦から数えて五十年の節目の年だから、何か記念の催しができないのか、ということだ。

何かやれないか、という投げかけに、はい、私のところでやります、と答えてしまった。だって、プロジェクト室なんだから、とりあえず引き受けておこう。

49　終戦五十周年資料展

終戦五十周年の節目で、名古屋でも何かやれ、という指示は通常の予算要求が終わってからだった。財政課長と急遽打ち合わせをして、かなりの額を予算化してもらった。予算査定の最終のところで、もう時間をかけたくなかったのかもしれない。タイミングが良かったのだろう。

戦争関係の資料を集めて資料展をやることにした。三月に、東京の江戸博物館で、東京大空襲展が開かれていたので調査に出かけた。担当の学芸員さんから、焼夷弾空襲の恐ろしさを詳しく聞くことができた。展示資料を借りるため、各所を回ったのも良い勉強になった。

自衛隊の守山駐屯地から二百五十キロ爆弾、設楽の田峯町小学校から「青い目の人形」、淡路島「若人の広場」から学徒動員女学生の遺品などを借りに行ったり、お礼に行ったり。わざわざ行くのか、という人もいたが、それは現地へ行かない人の理解不足だ。貴重な所蔵品を貸し出してくれるところには、担当者が足を運ぶのが礼儀だと思う。行ってみて、会話を交わしてみるとそれを感じた。「そういう趣旨なら喜んで」と言われると、自分でも仕事のしがいがあるというものだ。

各地を回るついでに、地元に戻っている自治大の同窓生に会って近況を話し合った。「変わった仕事ですね」と言うが、それはお互い様だ。今は普通の仕事のほうが珍しいのだ。

資料展は、七月中旬から約一か月、名古屋市の市政資料館で開催した。市政資料館は、旧名古屋高等裁判所だ。銅製の丸屋根と赤レンガで、戦中の雰囲気十分だ。

展示タイトルは「戦時下の市民生活」。戦争の原因、戦場、戦闘の様子ではなく、戦時下におかれた市民の暮らしを中心に展示することにし、西尾市長に説明した。

「戦争の原因となると、いろいろな意見があるので、それは避けます」と言ったら、

「どんなこと言っとるんだ」と、質問があった。

「あの戦争はアジア解放の戦争だと言う人もいますから」

市長は机の上に置いていた手を下ろし、椅子の背に体をあずけて言った。

「私が、その頃聞いていたのは、さあ、これから攻めていくぞ、侵略するぞ、と、そればっかだったぞ。解放とかいうのは、後になって、知らんヤツが言っとるんだろ」

市長からこんな話が聞けるとは思わなかった。

展示品には、戦時ポスターや青い目の人形など話題を呼ぶものも多かったが、来館した高齢者には、当時の地図や文書の類いを熱心に見る人が多かった。学童疎開や、学徒動員先の一覧を見て、自分や家族、友人の行先を確認していたのだろう。

名古屋市博物館の学芸係長にお願いしたジオラマ（民家の一室の再現）の前で、暫くたたずむ人も多かった。これは、今でも名東区の「戦争と平和の資料館 ピースあいち」で見ることができる。

50　環境保全の日

平成八（一九九六）年、環境保全局に異動した。職名は環境管理部環境管理室長で、何の仕事をするところですか、とよく聞かれた。予備知識のない人に仕事を簡単に説明するのは難しい。まして や、本人がまだよくわかっていないのだから。

道路管理、人事管理と経験したが、今度は環境の管理だから凄いだろ、と妙な自慢をしていたら、ヘンな異動ですね、という人が現れた。またか。総務局から他局に変わると、「ヘンな異動だ」と思う人がどこにでもいるようだ。

このときの環境保全局の異動は、局長が替わり、私を入れて部長・課長三人が揃って総務局から転入という形だった。組合支部が、これは異例だ、何をするつもりか、と問題にしていたらしい。組合に心配してもらわなくても良いのだが、そんなことを問題にする体質のようだ。

環境保全局は、前身の公害対策局から名称を変えて間もない頃だった。公害規制、公害被害の救済といった仕事が落ち着いてきたので、局の看板を「公害対策」から「環境保全」に変えたのだ。局の名称変更と人事異動が重なったことで、新しくやってきた管理職たちは公害対策部門をリストラするつもりか、と警戒されたのかもしれない。

さて、四月早々に、「環境保全の日」イベントに出てくださいと言われた。

それまでの「毎月一〇日はノーカーデー」が、「毎月八日は環境保全の日」に変わり、そのキャンペーンが四月八日なのだ。私の役目は、電気自動車に乗ってパレードのなかにいれば良い、というので、ハイハイと、広告代理店の指示に従った。その様子は、テレビは昼のニュースから、新聞各紙は夕刊から報道してくれた。

「名古屋市はきょうから毎月八日を環境保全の日として……」

ところが、ところが。各方面から苦情、お叱りの集中砲火を浴びることになってしまった。

まず県警が「聞いていない」。ノーカーデーの廃止に驚いたという。県警の協力は絶対必要だ。手分けして、お詫びと説明に走り回っていると、次は市会議員から弾が飛んできた。

「聞いていない、なんだ、あれは」と強烈なお叱りだ。直前の議会で発表し、広報にも出ているが、それは役所の論理、議員さんたちのハラに落ちていなかったようだ。特に、パレードのテレビニュースがお気に召さなかったようだ。

ひたすら謝って何とか収まったが、総務局からも「何やってんだ」と苦情を言われた。

そうだ、総務局なら、事前に議員さんの自宅を回って、先生よろしくお願いします、と根回しをしたに違いない。「総務局にいたんだから、それくらいわかるだろ」と盛んに言われた。

でも、キャンペーンのパレードくらいで根回しがいるのかしら。相手が湯気をたてているので謝ったが、次からはていねいに根回しよう、という気にはなれなかった。

51　室長のしごと

環境管理室は、大げさにいうと、局の仕事全部に関わる間口の広い組織だが、そのわりに人が少ない。係長・主査・主事全部で六人、しかもそのうち一人は環境庁へ派遣研修中である。一つの仕事を、何人かで分担したり、協同したり、という余裕がない。一人の先発完投体制なのだ。

そういう状態だから、室長の私にも、一人でこなす仕事が回ってくる。主に、室長という肩書があったほうがよい場面に出かけていくのだが、それが自分一人で行くところが、大きな組織の局と違うところだ。

全国アメニティ協議会の国家要望書を各省庁に届ける、という仕事もそうだった。この協議会は「快適環境をめざす」自治体の集まりで、毎年総会を開いて国家要望をまとめている。要望書の提出は名古屋市の当番だという。それは良いが、誰が行くのか、と担当に聞いたら、

「室長のしごとですよ」と、ごく当たり前そうに答えてきた。

日時・方法もお任せで、とにかく室長の都合の良いときに、上京して関係省庁に届けてもらえば良いという。担当者はみな忙しそうだし、では一人で行ってくるか、と霞が関に出かけた。

行先は、建設省、環境庁など六、七か所だが、担当課で、要望書を受け取ってもらうだけだから、

難しいことではない。しかし、八月の炎天下を歩いて移動するのは大変だった。まだエコスタイルという言葉がなかったときだ。上着を腕にかけ、国会議事堂周辺を歩いて移動、建物に入ったら喫茶店で冷たい飲み物と冷房で体を冷やす。汗が引いたらネクタイを締め、上着を着てめざす担当課に行く、この繰り返しだ。何杯アイスコーヒーを飲んだことか。

省庁によって対応はかなり違う。要望や陳情に慣れている建設省や運輸省は、要領が良いが、宮内庁は少し戸惑ったようで、要望文をていねいに吟味された。私から、回答を求めるわけではありませんから、と言うと、そうですか！ と急に顔が明るくなったのは面白かった。

外務省と科学技術庁は、同じ建物なのに互いに迷路のようで苦労した。部屋番号が連続していないのは伝統なのか、秘密主義なのか。今はわかりやすくなったのだろうか。

平成九（一九九七）年夏に、「星空の街・あおぞらの街全国大会」を名古屋で開催した。高円宮殿下、同妃殿下に揃ってご臨席いただいた。両殿下は、ほんとに気さくで明るくて、大会を楽しく盛り上げていただいた。

大会が終わって、環境庁から御所へお礼に行こうという話がでた。

「室長のしごとですよ」

と言われて、これもまた一人で出かけた。もっとも御所へは環境庁の担当と一緒だった。

赤坂御所では、宮家の邸内に入れてもらい、記帳だけすることにした。筆の字は難しい。上手く書けず、恥ずかしい記帳だな、と思いながら、やっと気がついた。

「これは市長か局長のしごとだぞ」

52　研究機関の誘致

地球環境戦略研究機関（ＩＧＥＳ）の構想が出たのは、平成七（一九九五）年だった。「地球防衛軍」みたいだが、設立の趣旨に、「地球環境の危機に対処」「新たな地球文明」という言葉が躍っているから、この感覚も的外れではないと思う。

簡単にいえば、地球環境問題の研究所をつくるということだが、国（環境庁）は、協力支援体制に優れた自治体に立地したい、と言い出した。予算規模の小さい環境庁らしい考えで、好条件で誘致してくれる自治体に期待したわけだ。

さっそく、いくつかの自治体が立候補した。知事自らこの構想に関わっていた神奈川県、四日市公害を克服した三重県、首長が環境に熱心な北九州、仙台など。そこへ名古屋が割って入った。名古屋のウリは、志段味サイエンスパークという格好の立地場所を用意していたことだ。

私が環境保全局に来たのは、この誘致の担当という意味もあったようだ。これもプロジェクトの一つと理解して、誘致成功の可能性、方策を練った。

環境庁との協議のために、頻繁に出張したが、これは個人的には歓迎だった。新幹線で東京まで二時間かかるが、車中は静かで、頭の整理、気分転換になって良いのだ。

他自治体の情報が入ってきた。用地提供、施設建設など、名古屋では無理な提案も出ているようだ。某市は元総理に頼んだ、某県は大臣と会食した、と、様々な話が聞こえてくる。

名古屋も地元選出の国会議員に陳情した。議員会館なんて初めて入れてもらったが、改めて知ったのは、国会議員は地元には低姿勢だということ。そうか、こちらが依頼人なのだ。

環境庁の最終的なヒアリングで、財団設立の案が出てきた。国の職員を自治体が受け入れて財団に派遣する、つまり国家公務員の定員隠しだが、この案は、名古屋市では無理だ。こういうことができないように条例を作っているのだから。この後は、立候補辞退はしなかったが、腰が引けた態度で協議を続け、選定結果を待つことにした。

最終的に、研究機関は、当初から本命視されていた神奈川県の葉山に置かれることになった。市内部では特に残念がる声もなかった。上司たちも、誘致失敗という意識はなくて、まあしかたない、別にいいんじゃない、という雰囲気だった。

しかし、協力をお願いした人には、結果報告と挨拶が必要だ。市長にも、いろいろ動いてもらったので、レクの機会に、申し訳なかったです、とお詫びを言った。

「何が申し訳ないのだ」と言われたので、国に働きかけたり、有力代議士を巻き込んで運動してもらったりしたので、と答えたら、市長さん、真顔になった。

「それは、私の判断でやったことだ。その後始末も私がきちんとやる。あんたらに心配してもらうことじゃないわ」

大きな声で叱られたが、しかし、さわやかな気分だった。

53　名古屋飛ばしへの反論

昭和六十（一九八五）年から名古屋市長を務めた西尾武喜さんは、市長になる前は助役、元々は市水道局の技術職員だった。前任の「革新市長」本山政雄さんに替わって登場し、自民党の推薦を受けていたので、保守勢力に見えるが、私には「中道」という言葉がふさわしい市長だったと思える。

平成四（一九九二）年三月、東海道新幹線に「のぞみ」が登場したが、朝一番の下り列車は名古屋駅を通過するダイヤになっていた。ＪＲ側は、停車しないといっても早朝の一本だけで、名古屋の人が特に不便は感じないはず、と説明したが、名古屋側はおさまらない。

「名古屋飛ばし」と、新聞に書き立てられ、県会議員、市会議員の反発も大きかった。超党派でダイヤ変更を申し入れるが、ＪＲは、いったん編成したダイヤは簡単に変えられないと頑張る。

結局、すべての「のぞみ」が名古屋に停車するようになるのは平成九（一九九七）年まで待たなければならなかった。

その間、鈴木愛知県知事も、西尾名古屋市長も、ことあるごとに「名古屋飛ばし解消」を訴え、国の機関や国会議員への働きかけを続けていた。

中部財界は、首都圏と関西圏の間で名古屋が地盤沈下してしまうことを恐れていた。計画されているリニア中央新幹線も名古屋を通らないルートになるかもしれない、たった一編成でも通過させると、既成事実になってしまうという危機感があったのだ。

ＩＧＥＳ（地球環境戦略研究機関）誘致のため、西尾市長のお供で上京した平成八（一九九六）年の夏のこと。霞が関の喫茶店で休憩中に、「のぞみの名古屋飛ばし」の話になった。

「ＪＲは、スピードが命だという。では、なぜ東京の都心では徐行するのか。名古屋の南区では住宅地を時速二〇〇キロで走り、騒音公害までおきたのに名古屋市民は協力している。スピードが命なら、東京の都心でも徐行せず、名古屋の南区と同じスピードで走ったらどうか。そしたら、通過しても我慢しよう」

そうか、名古屋はそういう主張をすべきなのだ、と思いつつ、市長さんはこんなことを考えていたのか、と少し驚いた。というのも、西尾さんは、開発・建設型の政策に熱心な技術屋さんで、環境問題には冷たいのではないか、という先入観を持っていたからだ。

新幹線と聞いて、騒音公害を連想できるのは、行政全般をバランスよく見ようという姿勢のあらわれだろう。西尾さんの「中道」は、政治イデオロギーだけでなく、行政の各分野のバランスをとる「中道」、「中庸」であったと思う。

54 価値観の変化

平成八（一九九六）年秋、西尾市長が次期市長選に不出馬、つまり引退を表明した。四期目に挑戦してもらいたいという声は根強かったが、本人の意思は固く、三期十二年で退くことになった。

引退理由は、周囲の推測はいろいろあったが、後に、ご本人から「価値観の変化」という言葉が出た。街で若い人たちを見かけると、ずいぶん雰囲気が違う、もう価値観も違うのだろう、と思うようになった、と語っている。それを知って、私なりに思い当たることがある。

プロジェクト室が、市長に内外の話題を報告する「プロジェクト・レポート」で、「インターネット」をテーマにしたことがある。まだネット社会には程遠い、平成六年のことだ。市長の前にパソコンを置いて、インターネットの体験をしてもらった。

ひととおり説明が終わると、はい、ご苦労さん、とそっけない。余りにも反応が悪いので、再度これは本当に将来有望で、世の中が変わるかも知れません、と強調したら、それに対して、

「あんたらは、よくそんな風に言うが、そうなっていないじゃないか」

と、ニューメディア、テレポート、マルチメディアなど、思惑通り進んでいない例を出した。

「こんどのインターネットは違います」と言うと、

「だから、いつもそういう話を聞くが、どうかな」と信用してもらえなかった。

ところが、その後のネット環境の劇的な変化はどうだ。さすがに西尾市長の経験からは想像できない大きな波が来たのだ。私の想像だが、西尾さんも時代が変わった、と思ったのではないか。

西尾市長は、晴れ舞台で格好よく振る舞うより、地道に、着実に全体を動かすタイプだ。

平成九年一月、北九州市で政令市の市長が集まる「環境サミット」があった。地球温暖化防止への取組みを話し合う会議だったが、西尾市長は、活舌良く演説することはしない。

「CO_2減らすなんて都市にできるのか、私はどうかと思うが……」

ぼそぼそ言っているうちに会議は終わり、随行者としては、正直なところ、少し残念だった。

ところが、会議後の懇親会では様相が一変、西尾市長の独壇場になった。模範解答のような説明をしていた市長たちをつかまえては、次々に論破していく。

「公害に取り組んで空気をきれいにした？　法律の規制が始まったからだろ」

「青空の見える街？　製鉄所を中国に移転したからだろ、あっちが公害になっていいのか」

わが市長は他都市の実情もお見通しなのだ。へへ、すみません、と言って皆が周りに集まってきて、車座ができる。ほかの市長たちが、先生の話を聞くように、うなずいて聞いている。

そうか、これが西尾さんの真骨頂だったのか、と思った。

公式の場では目立たないが、ホンネの世界でリーダー的存在なのだ。

しかし、価値観の変化と同じように、こうしたスタイルも時代とともに、変わっていくのではないか、とも思う。

55　気候変動名古屋国際会議

平成九（一九九七）年十一月、気候変動名古屋国際会議（別名：世界自治体サミット）が開催された。数週間後には、京都でＣＯＰ３（気候変動枠組み条約第三回締約国会議）が控えていた。

ＣＯＰ３は、京都議定書（国別に二酸化炭素排出量の数値目標を決める）が合意されて、前評判通りの「歴史に残る会議」になったが、名古屋でも、ＣＯＰ３に向けて、自治体から声を上げようと、二十九国から百三十自治体が参加、「名古屋宣言」をまとめた。

会議の主催は、名古屋市・愛知県・イクレイ（ＩＣＬＥＩ＝国際環境自治体協議会）の三者。イクレイは、国連公認の環境ＮＧＯで、特に温暖化防止対策に熱心な団体だ。

名古屋市にとっては、久々の大きな国際会議になったが、その話が始まったのは、開催の一年半前だった。国際会議となると、時間をかけて準備することが多いなかで、異例の快挙だと思うが、偶然と幸運が重なったといっても良いと思う。

始まりは、イクレイ日本事務所からの打診だった。ＣＯＰ３に合わせて自治体会議をしたいが、京都市では無理らしい、名古屋市さんどうですか、という本気度半分くらいの話だった。まだ場所探しの段階らしいが、直感で、名古屋でやれないかな、という気持ちを持った。

それから、私は自分で状況調査を始めた。上司の部長も局長も、私と一緒に四月に局に来た新参者だ。「面白そうだな、やってみるか」。上司の了解は取れたので、次は担当者の意見を聞いた。課題は、予算・人員不足だが、やれないことはない、という意見だった。もっと抵抗するかと思っていたが前向きな答えだった。抵抗しても、やるハメになる、と読んでいたのかもしれない。

それなら、と古巣の総務局にかけあって、臨時の組織と人員を手当してもらった。資金は、県から補助金、民間から寄附という条件で財政局も了解、体制はできた。民間寄附の話は、ボストン美術館で縁のできた商工会議所からアドバイスをもらった。埼玉県庁の自治大同窓生からイクレイの情報を仕入れた（埼玉県は前回の会議開催地）。

関係局が、協力的だったのは、たまたま大きなイベントのない時期に重なったからだろう。会議開催は、平成元（一九八九）年の世界デザイン博覧会と、平成二十二（二〇一〇）年の名古屋開府四百年のほぼ中間にあたっていた。「お、やってくれるか」と言ってくれた幹部もいた。

会議開催の専門チームができて、忙しく頑張っていたので、私は後方部隊に回った。あまり出しゃばらないように、海外出張も遠慮した。しかし、これはどうだったか。対外的な仕事、特に外国との関係があるときは、責任者はもっと前面に出るべきだったかもしれない。

会議は、三日間の議論の末、CO_2二十%削減を目標とする名古屋宣言を採択して閉会した。

会議終了後、関係者の打ち上げパーティで、イクレイのヘラー会長に初めて面談した。名刺をわたしたら、「オー、あなたがオーガナイザーですね！」と言ってくれた。もっと前から会っておけばよかった。

56　ＣＯＰ３

ＣＯＰ３は、一九九七年十二月に京都議定書を合意して幕を閉じた。京都議定書の数値目標は、今からみれば、手ぬるい内容だが、当時としては、こうした形のものを合意することに意義があったのだ。京都議定書の後継は、二〇一五年のパリ協定で、ここからようやく世界が低炭素社会に動き出すことになる。

しかしこのときはまだ一九九七年だ。ＣＯＰ３では、各国首脳が、それぞれ国益を主張して大変な議論が続いた。CO_2排出量の削減は、つまるところ経済活動の制限につながる。どの国も自国の利益が大切だから簡単に妥協できない。協議は長引き、期日中に合意できない、つまり会議が失敗に終わる可能性もあったのだ。

ＣＯＰ３に先だって、名古屋では、世界の百三十の自治体がCO_2排出量二十％削減をうたう名古屋宣言を採択した。これは各国政府にCO_2排出量削減を求めるもので、名古屋市やトロント市のような自治体が市域だけで二十％削減するということではない。合意ができて、本格的な政策が動き出せば、自治体は全面的に協力しますという、各国政府への訴えなのだ。

国連公認の環境ＮＧＯ・イクレイは、ＣＯＰ３の場で名古屋宣言をアピールしようとさかんに運動していた。そして、名古屋市には思いもよらなかった出番が用意されることになった。松原名古屋市長に、世界の自治体を代表して、ハイセグメント（閣僚級の最終討論）の直前の本会議でスピーチしてほしい、というのだ。

このとき、「議会開会中に市長が京都に行って良いのか」という声があがった。国連の本会議より市会の日程が優先するとは意外だったが、そういう発想をしないといけないらしい。結果的に、議会側が理解を示し、せっかくの機会だ、議会も応援しよう、ということで市長の出番になるのだが、こういう手順が大事なのだろう。勝手に出かけて反発されるより、気持ちよく送り出されたほうが良いに決まっている。それでも面倒な世界ではあるが。

市長の演説原稿はイクレイがつくり、各国政府に高い数値目標で合意するよう訴えていた。「いま政府が動かなければ、私たち自治体の努力は限界になる」と、説得力のある内容だった。松原市長発案の「名古屋も地球にある」というフレーズは、英訳がうまくいかず、同時通訳からは省かれてしまったが、松原さんにとって市長就任一年目の晴れ舞台になった。

随行の私たちも議場で様子を見ていた。松原市長は堂々としていて、難なくスピーチを終えたので、私たちもほっとひと安心だった。続けて会議を傍聴していたら、長身の政治家が、それこそ颯爽と登場してきた。ゴア米国副大統領だった。短い挨拶だったが、声に力があり、オーラを感じた。国連の会議を傍聴し、松原市長のスピーチとゴア副大統領の挨拶を同時に体験できたなんて、これも地球環境の仕事のおかげ、というほかない。

57　こどもエコクラブ

平成十（一九九八）年三月、名古屋の鶴舞公園で「こどもエコクラブ全国フェスティバル」が開催された。こどもエコクラブは、子どもたちからエコ活動を広げようと、環境庁が平成七（一九九五）年から始めた運動だ。

名古屋の大会には、全国から四十六の「こどもエコクラブ」が集合、環境庁から大木長官と環境教育担当の女性補佐が参加した。大木長官は、前年のＣＯＰ３で開催国議長の大役を終えたばかりだった。

平成九年度、環境保全局は、夏の「星空の街サミット」、秋の「気候変動名古屋国際会議」など、大きなイベントが目白押しだったが、この大会が年度の締めになった。

なぜこんなにイベントが立て続けにあったのか。たまたま重なったということだが、国やイクレイのような団体の呼びかけに対して、積極的に応じた結果とも言える。私も、気候変動の国際会議のスタートに関わったが、他のイベントはもっと前から予定されていたものだ。そういう意味では、この頃の環境保全局は積極的だったのだ。

フェスティバルの主催は、環境庁、愛知県、名古屋市と、こどもエコクラブ事務局の日本環境協会（日環協）。日環協派遣のサポーターは、手慣れたもので、壁新聞セッション、鶴舞公園全域を使ったスタンプラリーなどを混乱なくテキパキと運営するのには感心した。

会場の鶴舞公園は、名古屋でいちばん古い都市公園で、ちょっと見は東京の日比谷公園そっくりだ。公会堂と図書館が揃っているのも同じだ。この公会堂がメイン会場だったが、子どもたちは「お化け屋敷みたい」と由緒ある建物の中を走り回っていた。現代の学校の校舎に慣れている子どもたちには、昭和二（一九二七）年完成の公会堂の中は、本当に珍しかったのだろう。

宿泊には、かつての修学旅行用の施設「観光会館」を用意した。ホテルとは違う、古いスタイルの和式旅館だ。子どもたちは畳の大部屋で、枕投げをしただろうか。昔の趣とエコ活動は相性が良かったようだ。

フェスティバルには、タイ、インド、インドネシアの子どもたちが特別参加した。名古屋市が行っている「エコアジア交流事業」とのコラボだ。次年度は、名古屋の子どもたちがタイを訪問する予定になっている。実は、この費用は、環境庁の補正予算にギリギリのところで便乗したもので、ちょっとした補助申請のテクニックを使った。うまく時機が合って、幸運というほかない。

三月二十九日、フェスティバルの最終日、桜が満開の公園に雪が舞った。このサプライズに、アジアの子どもたちが大騒ぎ、会場は大いに盛り上がった。環境庁の補佐は、籍は法務省で出向中と言っていたが、二つの事業をうまく併せて実施していることに興味を持ったようだった。

「政令市は、こんなことができるんですね」

うらやましそうに見えたのは、こちらの思い込みか。

58　根回し

役所で開かれる会議は、事前にしっかり根回しが行き届いていて、シナリオ通り進行することが多い。役所の内部の会議でも、重要な会議になればなるほど事前調整、根回しができているものだ。形式的、対外的には、その会議で初めて提案があって、審議の結果決まったかのように見えるが、調整はすでに済んでいて、参加者はシナリオ通りかどうかを確認するだけなのだ。

しかし、お花畑のような会議ばかりではない。

平成八（一九九六）年の名古屋市環境保全会議の議題は、「なごやアジェンダ21」の策定だった。市長はじめ幹部職員が一堂に会して、これまで検討されてきた原案を承認する場である。アジェンダは、リオの地球サミットで提唱された、地球環境保全に取組む行動計画のローカル版で、全国自治体が同じように策定を進めていたものだ。

アクションプランとして、電気のスイッチをこまめに切ろう、車のアイドリングを控えようなど具体的な細かい事項が掲げられている。会議の出席者たちが、あちこちのページをパラパラとめくっていて、特に意見はなさそうに見えたとき、水道局長が発言した。

「節水は困る。水道局には問題がある言い方だ」

この発言に、原案担当はびっくりだ。

それはないでしょう、担当者同士でずっと詰めてきたのに、局長が言うなんて！

このときの会議の結果は、対外的に発表するまでに、事務的にもう少し詰めておくこと、という条件付きで原案了承、となった。玉虫色の合意、というわけだ。

これは、根回しの失敗例だろうか。私は、異論が出る会議は失敗ではないと思う。賛成、反対がきちんと議事録に残ることは決して悪くないことだと思うのである。

むしろ、会議そのものが敬遠されて、開けないとしたら、問題だ。

「会議を開いて何を決めるつもりか」

「私は関係ないから出ない、出たくない」

無理をして開催することはできても、出たくないと言っていた人は、本当に欠席するか、当日ドタキャンするかもしれない。こういうときこそ、事前によく意見交換して、誤解を解き、会議開催にこぎつける根回しは大事だと思う。

それにしても、わが国では、国会から株主総会、町内会に至るまで、事前の根回しが盛んで、会議の席でも議論を嫌う傾向にある。これが当たり前だと思っていたら、国際会議になると全くルールが違うことを教えられた。

59　会議の国際ルール

平成九（一九九七）年の世界自治体サミット（気候変動名古屋国際会議）で、名古屋宣言が採択されたことは55でふれたが、原案が審議を経て採択されるまで、その過程を振り返ってみると、改めて、国際会議とはこういうものかと思う。

会議は三日間で、初日が開会と基調講演、二日目は午後まで分科会で発表と討論があり、夕方から宣言文の起草委員会がある。そして、最終日は起草委員会から出された宣言案を全体会議で討論、採択して閉会という流れが予定されていた。

名古屋宣言の原案（ドラフト）はイクレイ事務局がつくっていたが、主催者に入っている愛知県、名古屋市が一致して修正したい箇所が出てきた。起草委員会が始まる前に修正しておいてほしい、と言ったら、委員会で言えば良いでしょう、という。主催者のほうから修正意見は出しにくい、と言っても、関係ないでしょ、と取り合ってくれなかった。

起草委員会は、英語の会議なのでついて行くのが大変だ。canが良いか、be able toのほうが良いか、などという議論になると、私にはお手上げだ。起草委員会は未明まで続いたが、当方が出した修正案は了承されて一安心、議論は翌日の全体会議に移った。

全体会議では、いろいろな意見が即決で処理されていく。カナダの市長が意見を言った。「環境教育を学校のカリキュラムに入れる、とあるが、我が州では、市長に学校教育の権限がない。私にはできないので、行動計画から削除してほしい」

討論のシナリオなどないので、どうするかと思っていたら、議長は全体に諮った。「今の意見に対して、反論はありますか――ないですか、では削除します」

あれ、本当に削除されちゃった。この後も似たようなことの連続で、字句の加除修正について、ひとつずつ賛否を確認しながら修正が続く。集中して聞いていないと、どこの話をしているのか、道に迷ったようになってしまう。しかし、緊張感があって小気味よいではないか。

この三日間の国際会議では、「一人が同じ意見を繰り返さない」「セカンドの支持を確認」といったロバート議事法もきちんと実践されていて、私たちにお馴染みの会議とは全然違っていた。

考えてみれば、遠い国からやってきて、数日間の討論で合意点を探るのだから、悠長なやりとりをしている余裕などないのだ。主張をぶつけあうから、「疲れる会議」になるが、あいまいな議論をして、結果がはっきりしないよりは良い。

こんな会議の進め方をみていて、私の職場でも「あのやり方を真似しよう」「今日は国際会議ルールでいこう」という声がしばらくは続いたが、その後何となく言わなくなってしまった。やはり、国際ルールであって、日本には合わないのか。

60　環境家計簿

環境庁から「環境家計簿」の提案が出てきたのには正直驚いた。環境家計簿は、家庭から二酸化炭素がどれくらい出るか、排出量を記録するもので、お金の節約にもなりますよ、というアイデアだ。家庭から出る二酸化炭素量は、国全体ではかなりの量だから、家庭の取り組みを促すことも確かに重要だ。しかし、これが国の仕事かしら、と思って驚いたわけだ。趣旨を説明して、後は自治体に任せれば良いのに、家計簿のひな型までつくって通知してくるのだから。

しかし、仕事は仕事。ひな型に余り逆らわないように、しかし、独自の修正も加えて、「なごや環境家計簿」ができた。これを、数か所の学区（小学校の地域）をモデル学区にして、地域内の世帯に取り組んでもらうことにし、翌年度予算に計上した。

予算委員会の前に、環境家計簿について聞きたいという議員が現れた。論客でなる港区のE議員だ。

「全世帯に配らないのか」

全世帯となると、九十万を超える。費用もかかるし、いきなり配っても使われないかもしれない。モデル学区をつくって、試行的に始めていきたい、と説明したが、納得しない。

「良い取組みだから、全世帯で始めるべきだ」

会派別に用意されている議員控室で、押し問答だ。委員会という公式の場ではないので、こちらも思った通りのことを主張した。

「まだ、市民全体が理解して取り組んでもらえるところまで来ていない。家庭に配られてもそのまま捨てる人がいるかもしれない。私は、ごみになるものを配りたくない」

「ふーん、それでは、委員会の席で議論しよう」

自分の案を言い出したら、なかなか引っ込めない人だ。それでも、この案には乗れない。議論の応酬になっても頑張るぞ、と気合を入れて委員会に臨んだ。

予想通り、E議員が環境家計簿を議題にし、いくつか資料確認の質問をしてから言った。

「この取組みは評価できる。モデル学区と言わず、全世帯に配って取り組むべきだと思うが、今すぐ全世帯で始めても使われないかもしれない。ごみになるものを配ってはいけない。当面はモデル地区でも、将来は全世帯でやるよう検討するか」

あれあれ、私の答弁を先取りされてしまった。論客は、臨機の動きも抜かりないようだ。

それなら検討します、という答えを引き出したところで、E議員は質問を終えた。しかし、私も「モデル学区の結果を検証したうえで」と付け加えることを忘れなかった。

議員は「言質」をとり、行政は「予防線」を張っておいた、というところだ。

61　働く楽しみ

楽しそうに働いていますね、と言われることがある。はたから見るとそうかもしれないが、いつでも、どんな仕事でも楽しいわけではない。ただ、どうせ働くなら、楽しいほうが良い。いろいろな仕事をしたが、その仕事のなかに何か楽しいことはないか、探しながら働くようにしている。

そんななかで、自身でも楽しく働いていたと実感する時期があった。それは、平成八（一九九四）年から始まる環境管理室の三年間だ。数年前から不安定だった体調がようやく回復した頃で、与えられた仕事が、これから世界の潮流になろうかという地球環境保全だ。総務局に比べて断然良い仕事だな、と思ったものである。

後から思うと、あの頃は不思議なくらい健康、頑健だった。何しろ、疲れを感じないのだ。朝起きたときから「仕事モード」で、きょうは何々をして、誰々に会って、と頭の中が回転し始める。行ってきます、と家の玄関を出るときは、まるでゲートが開いた瞬間に飛び出す競走馬のよう、というとちょっとオーバーかな。仕事中毒？　それとは違うと思う。中毒というのは、自分では止めたいけれども止められない症状だが、働く楽しみを味わっていただけだから。

そこで、自身の体験をもとに、どんなときに楽しく働けるのかを考えてみた。

私が考える条件は三つで、健康、良い仕事、仕事の成果が見えていること、である。

健康は当たり前に見えるがいちばん重要なことだ。仕事がうまく進まないのは、体調のほうに原因があることが多い。特に失敗したときに、どんどん深みにはまるのは健康状態が悪いときによくあることだ。そういう場面はいくつも見ている。楽しく働くどころではない。

次に、良い仕事であること。役所の仕事は、総じて「良い仕事」で、公務員はその点恵まれているが、それでも、無意味な仕事、世間の役に立たない仕事というのはどこにでもある。命令されるからやるけれども、決して楽しくはない。

そして、成果が見えていること。出てくる成果が、かける労力より大きいことがイメージできると、働いていても楽しくなる。成果は、金銭面も大事だが、それだけではない、仕事の出来栄え、評判、家族や関係者の喜ぶ顔が思い浮ぶ、なんと楽しいことか。

「楽しく働く三条件」が揃うのは運、タイミングにもよる。いつでもその条件が整っているわけではない。では条件が整っていないときはどうするか。

我慢すれば良い。条件が整っていないときは、我慢するだけだ。

体調が悪ければ、回復するまであせらず我慢する、面白くない仕事、目標が定まらない仕事を任されたら、仕方ない、我慢して、その仕事をこなす。

あきらめずに我慢しているうち、面白い仕事が舞い込んでくるものだ。心配しなくてもチャンスはやってくる。そのときは、待ってました、と立ち上がり、働く楽しみを満喫することにしよう。

62　公聴会の混乱

平成十（一九九八）年、前年度まで国際会議やイベントの多かった環境保全局だったが、今度は環境アセスメントの所管局として注目を集めることになった。

この年、名古屋港西一区の一角＝藤前干潟をごみ処分場として埋め立てる事業について、環境影響評価（アセスメント）の公聴会が開かれた。公聴会が順調に終われば、事業は着工に向けて前進することになる。反対の声も多く出ているので重要な公聴会だ。

ごみ処分場の確保は、長い間名古屋市の懸案だった。岐阜の多治見に埋立て処分場があったが、いずれ満杯になる。藤前干潟を候補地とする計画は以前からあったが、土地取得に苦労したこともあって、事業化が遅れていた。ごみ問題は深刻化し、市は藤前干潟の埋め立てを急いでいた。

藤前干潟は、渡り鳥の飛来地だ。シギ、チドリの数は日本一ともいわれ、国内外の自然保護団体から埋め立てを批判する意見書が届いていた。ごみ処理担当の環境事業局は、環境への影響は少ない、と懸命に説明していた。そして、環境保全局はアセスメント担当として、市の事業を環境の観点からどう評価するか、微妙な立場に立たされていた。

公聴会は五月、七月、八月の三回開かれた。三回も開くのは異例なことだ。

私は直接の担当ではなかったが、会場内でずっと傍聴していた。

一回目は、五月十日午後一時半から始まった。進行が長引き、夕方までに公述人全員が発言できず、日を改めて再開することになった。遅れたのは、公述人の何人かが、長広舌をふるったためで、意見が対立する公聴会でこれくらいは仕方ない、という雰囲気もあった。

問題は二回目、七月十二日の土曜日だ。会の雰囲気はさらに殺気だってきて、ヤジや怒号もとんだ。私は見守るだけだったが、どうにも複雑な気持ちだった。話は干潟と野鳥のことなのに、いったい何を喧嘩しているのか。意見の違いで怒鳴るようなことなのか。

それでも公述人の発言がひと通り終わり、名古屋市が見解を述べる場面になった。ところが、それを阻止しようとした公述人が壇上に上がり、マイクを奪ってしまった。これを見た議長（環境保全局長）は、事業者の見解陳述が妨害された、として公聴会の終了を宣言した。

なんだ、何を言ってるんだ、と騒然とするなか、市の職員は退席、会場は後片付けに入った。

環境保全局長は、インタビューで「極めて残念」と繰り返し、さっそく市長に公聴会終了の報告をした。混乱はあったが、次のステップに行けますよ、という意味だ。

ところが市長の反応は違っていた。取材していた記者が、公聴会の終了に問題がある、と市長に申し入れていたのだ。記者は、議長の終了宣言は、最初からシナリオにあったのではないか、と疑っていた。議長は、それまで言いよどむことが多かったのに、終了宣言は歯切れ良く明快で、違和感がある、と。

環境保全局は終わったつもりだったが、もう一度公聴会が開かれることになった。

63　藤前干潟埋め立て断念

藤前干潟埋め立て計画のアセス公聴会は、八月九日に三回目が開かれたが、前二回とはかなり雰囲気の違うものになった。公述人の主張には、事業を阻止しようとする対決姿勢より、干潟保全を強く訴える姿勢が見られた。議長は、公述人が持ち時間の十分を超えて一時間近く話しても、あえて止めなかった。互いの主張は平行線だったが、私は何か潮目が変わったような印象を受けた。

この後、市と県それぞれのアセス審査委員会を経て「環境影響評価書」（評価書）がつくられた。公聴会から約一年後だったが、準備段階では予想もしていなかった言葉が入っていた。

「環境への影響は少なくない」

これは大変なことだ。通常の事業では、こんな言葉は出てこない。環境への影響は「ない」か「少ない」から事業ができるのだ。これでは止めろ、と言っているようなものだ。

それでも、環境事業局はあきらめずに、干潟の代替措置＝人工干潟の計画を加えて、埋め立て免許申請に動いた。公有水面を埋め立てるには国から免許をもらう必要があるのだ。

ごみ問題を抱える名古屋市は、何とか国の理解を得ようとしたが、環境庁も運輸省も揃って干潟埋め立てを認めようとしない。地元住民の調査でも干潟保全の声が圧倒的に多かった。

年が明けた平成十一（一九九九）年一月、ついに松原市長は干潟埋め立てを断念、翌二月には、ごみ非常事態宣言を発して、ごみ減量を市の最優先課題とした。市長が先頭に立ったごみ減量作戦が始まるわけだ。干潟の保全、ごみ減量、市民の取り組み……は全国的な話題になった。

実は、市のアセス審査会の専門委員には、私の高校時代の恩師が入っていた。専門教科は生物で、野鳥研究家だ。審査会に入っていると、市の事業を後押ししているように見られ、心苦しかったに違いない。

二回目の公聴会の直後は、いつも紳士的な先生が、もう委員を辞める、と相当荒れていた。私は先生の主張をきちんと議事録に残したらどうか、と話した。辞任騒ぎは消えたが、私の話がヒントになったかどうか、市のアセス審査会の結論は、「環境への影響は明らか」。

これが評価書の言葉につながったわけだから、私も少しは関わりがあったといえる。

それにしても、松原市長の決断は、絶妙のタイミングだったと思う。

当時の経緯は、松原さんの著書『一周おくれのトップランナー』に詳しいが、皆が固唾をのんで待っているときに、「苦渋の決断」と言って埋め立ての断念を発表した。市民が「やはりそれしかないか」と受け入れてくれる、その時機にピタリと当たったと思う。

徹底したごみ減量作戦で、ごみ量は、平成十一年度は十％、さらに翌十二年度は十四％の減量という期待以上の成果をあげた。埋め立て断念のショックが、良い意味でごみ減量のエネルギーに作用した、と私は思う。

64　英会話

五十歳になってから、ＮＨＫのラジオ英会話を聞き始めた。五十の手習いです、とか言っていたが、きっかけは、前年のタイ出張のおりに英会話の刺激を受けたからだ。

タイ出張は、イクレイ（国際環境自治体協議会）がセットした温暖化防止ミッションに参加したものだ。国際色豊かな使節団で、日本、韓国、カナダなどから十数人が参加していた。日本からは埼玉県志木市と山口県宇部市の職員も来ていた。私の役目は、名古屋市の環境政策の講演と、ワークショップの助言で、バンコク市とその隣町ノンタブリ市の二か所で出番が用意されていた。

通訳がつくので日本語で良い、と言われたが、講演は英語原稿を用意して、それを読んだ。タイの人たちは、日本人に似て英語が苦手なので、カタコト程度でちょうど良いくらいだ。それでも、質疑になると通訳の世話になりっぱなし、もっと英語ができると良いな、と思ったものだ。

しかし、それくらいのことでは、また英語を勉強しようとは思わない。テキストを買って毎朝ラジオを聞こうと思ったのは、同行した韓国の男性の会話に感心したからだ。

それは、彼の英語力というより、コミュニケーション力のほうなのだが。使節団一行がバスで移動中に、彼はインドネシアから来た女性に話しかけた。こんなふうに。

「英語はどこで勉強しましたか」

「エジンバラ大学です」

「エジンバラ？　エジンバラというと……」

「スコットランドですよ、イングランドの北の」

「イングランドの北？　冬は寒いですか？」

「ええ、もちろん！　冬には雪が……」

相手に話させる、間の取り方が絶妙だ。地名が出たら聞き返す、北、と聞いたので、冬は寒いか、と当たり前のようなことを聞いて、会話が続いていく。そうか、こうして話すのか。

この韓国人は、私の英語は中学生並みだ、と言いながら、ほんとに簡単な単語を使って、誰とでも話をし、使節団の人気者になっていた。

そんなわけで、平成十一（一九九九）年の四月から、マーシャ・クラカワさんのラジオ英会話を聞き始めた。マーシャさんは以前からとても人気のあった講師で、名前は知っていたが実際に聞くのは初めてだった。歯切れが良くて、なるほど、人気があるはずだ。日本語の発音もすごくきれいだ。

外国語を勉強すると、その言語圏の文化もわかって面白い。異文化に触れる機会にもなる。

もう若くもないのだから、これから英語を身につけるのは難しい、英語圏の文化を知るだけでも良いだろう、と思っていたら、ラジオからピッタリの励ましが流れてきた。

〝ネヴァー・トゥ・レイト〟（決して遅くない）

65　クレーマーと対決

寝入ってしばらくして、電話に起こされた。午前一時過ぎ、M区役所の総務課長さんからだ。「Fさん、今帰られました」

眠い中で、頭が回らない。何のことかと聞いていくと、昼に私が相手をしたクレーマーが区役所に押しかけたらしい。夜中まで居座って押し問答を続け、明日また来るから、長谷川人事課長に伝えておけ、と言って帰ったという。

いったん起きて、対策を考えかけたが、腹が立つだけだから、もう寝ることにした。ふて寝だ。

何の問題だったか、正確な記憶がないが、市営住宅と福祉関係のことだったと思う。長々と苦情を聞いていたが、大声で吠えるように話し始めたので、声が大きい、と注意したらムッとしていた。そんなことで区役所に押しかけたのだろうか。

朝になって、出勤途中のバスの中で作戦を考えた。向こうのペースに合わせず、区役所を困らせてもいけない。たぶん、何か区役所に要求していることがあって、人事課長を利用しようとしているのだろう。人事課長を降参させて、区役所に、Fさんの要求をきいてやれ、と言わせるつもりなのだ。

九時すぐに区役所に出向いた。電話ですませず、出向くことで誠意を見せたつもりだった。昨夜はご苦労様でした、と言ってから、きょうの午後一時に、私は来ない、と伝え、Fさんの要望に対しては、これまで区役所が説明しているとおり、と言うようお願いした。人事課は区と同じ言い方をするので、区役所も無理な要望は聞かずに頑張れ、ということだ。

この話を聞いていた区長は「人事課は方針を変えたのか」と言った。方針変更と言われても……。これまで、区役所と一緒に頑張ることはなかったのか……。

さて、午後一時過ぎ、区役所から電話がかかってきた。

「人事課長が来ていない、と怒っています」

もちろん想定内だ。人事課長としての答えはもう伝えてあるので、行く必要はない、と答えた。不思議なことにF氏は電話口に出てこない。離れたところから大きな声で怒鳴っているのが聞こえるが、電話には出ないのだ。ひょっとして私が苦手なのかな。ようし、これで、これからは、呼び出されても行かない理由ができたぞ。なぜなら、こちらが電話で話したいと言っているのに出てくれないのだから。

この日以降、他局の協力体制もできた。市営住宅を管理する建築局が、弁護士を通さずには話に応じない、という通知文を交付してくれたのだ。効果てきめん、区役所がFさんの大声に悩まされることはなくなった。もう、クレーマーの長話につき合う時代は終わりつつあったのだ。

平成十一（一九九九）年春のことだった。

66　不祥事の謝罪

何か不祥事があったときは、記者会見を開いて謝罪し、責任者一同が深々と頭を下げることがあたり前のようになった。テレビのニュースを見る人は、画面だけ見て、お詫びになっていない、頭の下げ方が悪い、といろいろ言う。謝り方だけ批判しても仕方ないのに。私などは、組織を代表してひたすらお詫びする姿を見ると、気の毒に思ってしまう。そう思うのは、不祥事があるたび、謝罪する立場にいることが多かったからだ。

しかし、お詫びよりも私自身の怒りのほうが強くなってしまったことがある。

福祉の現場に怪しい職員がいた。入所者の預金を横領しているという噂があったが、被害者は認知症で立証が難しい。私の前任者が警察に相談していたが、進展のないまま私が仕事を引き継いでいた。ある日、警察から確認したいことがあると言ってきた。もし立件できる犯罪が出てきたら、警察は公表するが市役所は構わないか、という質問だ。これは、試されているな、と思った。

確かに、市役所から逮捕者を出したくはない。しかし、それをお願いしたからといって、捜査の手を緩めるとは思えない。むしろ、名古屋市の体質を疑われかねない。それで、質問に対しては、元々、市から依頼した案件です、きっちり調べてもらって構いません、と答えた。

事前の問い合わせで予想はできたが、警察から本人逮捕の情報が入った。ところが、逮捕容疑は福祉現場の横領ではなく、税金の不正。名古屋市には、事業所の面積割りで課税する事業所税がある。容疑者が税金担当だったとき、面積を過少に申告させて、課税額を低くし、納税者と山分けしていたという。区の通常業務のスキをついた、悪意のある者でないと思いつかない犯罪だ。

警察も立証が難しい横領より、証拠がはっきりしている税金の不正で立件したのだろう。

容疑者逮捕の後は、職員の処分を検討する仕事が始まる。容疑者本人の扱いは、起訴状や裁判経過からおおよその判断ができるが、問題は、周辺の関係職員の扱いだ。

特に、この件は、税額を不正に決定した決裁文書が残っていて、部長、課長がずらりと決裁印を押している。一般的な監督不行き届きとは少し違うのだ。

話を聞いているうち、腹がたってきた。決裁文書のチェックが甘い。問題の、面積をごまかした決裁には通常あるはずの添付図面がない。おかしいと思わないのですか?

当時は、忙しくて税金の書類は見ていない、とはっきり言う管理職もいた。慣れない地元対応に振り回されたぼやきを長々と話すので、ちょっと待って、あなた、それでも管理職ですか?

しばらくして、処分を発表する記者会見の日になった。会見が始まるのを待つ間に、市民へのお詫びの気持ちと一緒に、ほかの大勢の市職員にも申し訳ないことだ、と思い始めた。みんな頑張って働いているのに、何てことをするヤツだ、その上司、組織も問題だ、とまた腹がたってきた。

会見の質疑で「同じ市の職員として許せない」と言ったら、その言葉が翌日の某紙に載った。言いたかったことが記事になって良かった。

67　ノーネクタイ

平成十二（二〇〇〇）年、名古屋市は大きな組織改正を行った。改正の中身は、簡単にいうと局の削減で、六局が廃止された。国の中央省庁再編にならって（国の実施は平成十三年）、なんだか組織の数を減らさないといけないムードになっていたのだ。縦割りの弊害解消など、既存組織の見直しは徹底せず、その後新しい組織をつくることになるのも国と同じである。

このとき、環境事業局と環境保全局が統合されて環境局が誕生した。あの藤前干潟問題のとき、埋立て事業を推進した局と、環境アセスメントを担当した局が一本化されたわけだ。同じことが起きたら、局長はジレンマになって可哀そうだ、という声があったが、そんなことを言ったら、市長はもっと可哀そうではないか。

さて、私が係長時代に、上司の人事課長だった先輩が、新しい環境局の理事に就任したので、表敬訪問に出かけた。このとき私は人事課長だったから、人事では理事さんが経験者、環境では私のほうが経験者ということになる。人事の話やら、環境の話やらしているうちに、ノーネクタイ運動の話題になった。夏の省エネ対策として、スーツ・ネクタイのスタイルを改めようという運動が始まっていた。

「ネクタイと省エネは関係ないだろ」

「でも環境局としては運動を推進するところでしょう」

「そういうお前は、人事課長だろ。服装の乱れを心配しなくて良いのか」

ヘンな話になってきた。お互いの仕事に文句をつけあっている。このパターン、昔読んだ心理学の本にあったぞ。男女の喧嘩は、男のなかの女と、女のなかの男の言い争いだ、という話。


アニマが男性の心のなかの女性像の元型であるように、アニムスは女性の心のなかの男性像の元型である。……（中略）……夫婦の会話はともするとアニマとアニムスの会話になり男女の役割が交代してしまうことが多い。（河合隼雄『昔話の深層　ユング心理学とグリム童話』）

この場面では、理事さんの心のなかの人事管理者と、人事課長の心のなかのエコ運動推進者が、実際の肩書をこえて話を始めてしまったのだ。私があなたの立場だったらこうするのに、という言い方をされると、言われたほうは面白くない。それを両方が言い合ってしまったわけだ。

理事さんにはこの後も懇意にしてもらったが、さすがにノーネクタイの話はもうしなかった。

その後、平成十七（二〇〇五）年に、国が「クール・ビズ」を提唱すると、今度は、ネクタイをしてはいけない雰囲気になってしまった。それでも場面によるので、会議の前になると、ネクタイをして良いのか、いけないのか、主催者に問い合わせたり、別の参加者に聞き合わせしたり、ポケットにネクタイを忍ばせてどちらでも対応できるようにしたり、と大変だ。回りの雰囲気との調和を大事にする人にとっては、準備することがまた増えてしまった。

68　部長の本領

人事では、ふだんからいろいろな情報をきくことが大事だ。日常の働きぶりは外部からはわからないことが多い。特にわかりにくいのが部長さんの日常だ。

通常の仕事は課長の段階で行われる。予算も事業も課単位でまとめられているし、課長の決裁で完結する文書も多い。局を代表するのはもちろん局長で、大きな催しのときの挨拶も局長の仕事だ。議会の委員会質疑は、大きな方針は局長、詳しい説明は課長という分担で進む。そうすると、案件にもよるが、部長の答弁はなくてよい場合がけっこうある。

部長になるとふつうは個室が与えられる。かつては、運転手付き専用車もあったという。いわゆる「偉いさん」扱いをしてもらえるのだが、仕事ぶりが見えにくいのだ。

部長職の忙しさ、大変さは、ポストによることはもちろんだが、むしろ人によるほうが大きいかもしれない。積極的に仕事に出ていけば、その分仕事が増えるが、じっとして動かなければ、委員会答弁が局長と課長だけで済むように、出番は少なくなる。

あるとき、用地関係のベテラン課長さんに、あなたの目から見て評価できる部長は誰でしたか、ときいたことがある。長年、第一線にいて、いろいろな案件で苦労してきた課長さんだ。

彼は、これまでに十人以上の部長に仕えたそうだが、そのなかで格別良かった部長が二人いると言う。その名前を聞いて、私は正直なところ、意外に思った。

一人は、いつも居眠りをしている人、部長室からいびきが聞こえる人という印象があったし、もう一人は、きわどい冗談を連発し、周りが顔を見合わせるような人だった。

あの二人のどこが良かったのですか、と理由をきいてみた。

「あの二人は、『難しい話は私が相手をする』と言ってくれた」と言う。

「無理なごり押しがあることを良く知っていた。絶対妥協するな、相手が怒ったら、いつでも私が相手をする、これを言い続けていたから、偉いと思う」

そして、居眠り部長が一番で、冗談部長が二番、と順位をつけた。これは、実際に、怒鳴ってくる相手と勝負した回数の違いだそうだ。

そして、良くなかった部長の名もあげてくれたが、これまた意外なことに、一般には有能で堅実という評価の高い人だったのだ。

「この人は、言うことが逆で、『私のところに難しい話を持ってくるな』と言っていた。そう言われると、下はどうするか。上に迷惑がかからないように、何とかしなきゃいけない、と思う。何とかする、ということは、結局相手の言うことを聞くわけだ。危ない話になってしまうじゃないか。ああいう部長は困る」

人の評価は、実際の仕事で判断しなければいけない、という教訓である。

69　東海豪雨

平成十二（二〇〇〇）年九月、東海三県は「東海豪雨」に襲われた。台風が運ぶ湿った暖気に秋雨前線が反応したといわれるが、名古屋市内も浸水、堤防決壊、崖崩れと大変な被害にあった。私自身もあれほどの激しい雨を体験したのはこのとき以外にない。記録では、名古屋市の九月十一日の一日降水量は四二八ミリ、翌日十二日と合わせると、二日間で五六七ミリとなっている。

十一日は月曜日で、朝の五時過ぎから大雨洪水警報が発令されていたので、市には災害非常配備体制が敷かれていた。ところが、その後の予報も、実際の雨の降り方も尋常ではない。特に、夕方からは雨の勢いが凄まじくなってきたので、配備以外の職員は早めに帰宅することになった。

私もそのなかの一人だったが、地下鉄の地上入口から階段にかけて、これは滝か、濁流か、と驚いた覚えがある。ずぶぬれになって何とか帰宅できたが、それでも、ひどい雨だな、というぐらいにしか思っていなかった。しかし、激しい雨は降り続け、翌日になって河川堤防が決壊、低地が浸水にみまわれた。激甚災害指定、災害救助法適用を受ける大災害だったのだ。

結果的に「東海豪雨」全体での被害は、死者十人、被害総額約八千五百億円などで、その数字がけた外れに大きいわけではないが、典型的な都市災害の教訓を残したといわれている。

都市災害では交通マヒが怖い。このときは、悪いことに夕方の通勤ラッシュと重なった。帰宅できた私は幸運だったが、駅に足止めになった職員も大勢いた。ある区長は、通勤電車が運休、帰宅できないことはもちろん、職場に引き返すこともできず、連絡がとれない状態になってしまった。区長といえば、区の災害対策のトップ責任者だ。飲食もままならず、駅で立往生では気が気でなかっただろう。

後になって、いろいろな現場の話も聞いた。清掃工場は指定された避難所ではなかったが、近くの市民が緊急に避難してきた。当直の職員は自分たちの弁当を「取られちゃいました」。別の避難所では、やっと届いたおにぎりを配ったら、「こんなものしかないのか！」と怒鳴られたという。こういう話をする職員は、不満を言うわけではない。「しようがないですよ」と、何か誇らしげな感じすら与えてくれる。公務員の良いところだな、と思う。

週末に、東京で全国政令指定都市の人事課長会議があった。

会場に着くなり、神戸市の人事課長が「大変ですね！」と声をかけてきた。新幹線で名古屋を通るとき、水浸しの市街地を見て驚いたという。「震災では名古屋のみなさんに本当にお世話になりました。神戸にできることがあったら、何でも言うてください」

阪神淡路大震災から五年が経っていた。助けたり、助けられたり、「お互い様」だ。

70　記者

名古屋市役所にも記者クラブがあって、専用の部屋にメディア各社の記者が常駐している。国でも自治体でも、規模の違いはあっても記者クラブがあり、記者たちの取材の拠点になっている。

メディアと役所は、持ちつ持たれつ、互いに大事なパートナーだ。何しろ、記事・ニュースの大半は、役所の関係だ。記者は、役所の情報や資料で記事を書き、役所は、記者の書く記事で広報・宣伝してもらう。

持ちつ持たれつ、は大きな目でみた場合であって、実際に個別の案件で記者とつき合うとなると、置かれた状況でずいぶん違う。プロジェクト室では、毎日のように記者が訪ねてきた。議会や愛知県に話す前に重要情報を流すようなところだから、記者には魅力的なところなのだろう、取材も頻繁になるわけだ。環境保全局では、市民向けの広報やイベント情報を記事にしてもらいたくて、こちらから記者に一生懸命売り込んでいた。その反対が人事課のときで、正式発表の前に記事にならないよう、ガードを固めていた。

記者の取材を嫌がる人がいるが、嫌がっているとあまり良い記事にならない。記者の取材にうまく答えられないのは、内容が整理されていない証拠だ。記者の質問に答えることで、事柄がクリアになることもある。わかりやすく説明するトレーニングと思えば良いのだ。

記者のタイプはさまざまだが、総じて利発で、よく勉強している。わかりやすく文章をまとめるテクニックもなかなかのものだ。しかし、啓蒙家で良いと思っているふしがあって、深く追求することはしない。よくある記事のパターンは、問題提起――これが彼らには重要なのだ――をしておいて、その分野の専門家の意見を添え、最後に「今後論議を呼びそうだ」で締める。その程度の結論にとどめるのが無難なのだろう。

もっとも、一つのテーマをずっと追いかけ、ライフワークにしている人もいる。これは記者の次元を超えた人だ。こういう人をジャーナリストというのだろう。

ジャーナリストといえば、話が飛躍するようだが、私は中世ヨーロッパの吟遊詩人を連想してしまう。新聞やテレビがない時代、吟遊詩人は、宮廷や皆が集まる場所で、リュートを弾いて物語を歌う。物語は、英雄の活躍、騎士の恋、愉快な小話などで、詩人が登場人物の功績や人柄を巧みに表現する。ケルトの伝説では、詩人の地位がとても高くて、王や領主が一生懸命気をつかっている場面が出てくる。彼らは、「諷刺されたり悪口をいわれぬよう、詩人を大切にし、ある王などは、詩人の命令通りに、自分の首を捧げた」(井村君江『ケルトの神話』)そうである。

日本でも、かつては、ペンの力で大臣を辞職に追い込んだ凄腕の記者がいたらしい。

今でも、吟遊詩人や凄腕記者の遺伝子を引き継ぐ記者が、どこかにいるかもしれない。関わると恐ろしい目に合うかもしれないが、でもちょっと会ってみたい気がする。

Ⅳ　風塵を行く

71　天使

人事課長は、自分の人事も決めるんでしょ？　昔、人事異動の記者発表の場で出た質問だ。当時の人事課長は、「さあ。わかるのは早いけどね」と上手に答えて場を和ませていたものだ。

さて、当の私が人事課長から変わるときが来た。先輩の課長が言っていた通りで、自分のことは決められないが、行き先は早くからわかる。ホンネは環境局に戻りたかったが、発令は、「行政システム部長」。前からある法務の組織に行政改革担当をくっつけてできた新組織だ。

平成十三（二〇〇一）年は、第一次小泉内閣が始まった年だ。構造改革、政治改革に続いて、行政改革だ、とやたら改革の文字が躍ったときだ。

この仕事、私に向いていると思われたらしいが、見込み違いに近い。たしかに、受け持った仕事の改革はやったほうかもしれない。事業を効率よく、素早く実行するための改革だから、意欲も旺盛、思い切った変更もやった。しかし、全市あげての改革になると様子が違う。旗振り役は直接動けない。所管の部局に「やってもらう」わけで、今一つ、気持ちは盛り上がらなかった。

それでも仕事は仕事、まず一番の課題だった行政評価制度をスタートさせた。

行政評価は、施策や事業の成果を評価するもので、予算中心主義の役所では新しい取り組みだ。

施策や事業の評価を公表することで、アカウンタビリティ（説明責任）の向上になる。

これはもちろん良いことなのだが、事業の縮小、予算減らし、果ては人員削減の道具に使おうとするから話がややこしくなる。少人数のスタッフと連日打ち合わせ、作戦会議を続けた。その合間をぬって、訴訟や法規関係のレクが入る。苦手な分野の話を聞いていると、頭が熱くなる。

ある日、打ち合せが長引き、いったん中断したときは午後一時直前だった。少しでも何か食べようと地下食堂へ向かった。どんなに忙しくても食事時間は守るのがモットーだったのに、なんでこんな働き方をしなきゃいけないのか、と全く気分が良くない。

「あれ？　長谷川クンじゃない！」

食堂の前で、女性に声をかけられた。

「長谷川クンだよね、今、部長さん？　すごいね！」

誰だろう、最初は見当もつかなかったが、声の感じから、中学の同級生と気がついた。保育園長をしているらしい。久しぶりだね、じゃまたね、と言って、そのまま行ってしまった。

食堂で残り物のラーメンを食べ、部屋に戻った。書類は打ち合わせのときのまま残っている。しかし、自分でもどうしたのかと思うぐらい、気分が全然違う。思いがけず出会った同級生の一言でモヤモヤが吹き飛んでしまったらしい。

不思議といえば不思議だ。昼休みをつぶして打ち合せをし、ふだんはあまり行かない地下食堂に行ったら、四十年近く会っていなかった同級生に声をかけられ、気持ちが晴れた。

あれは天使だったかもしれない。

72　行政改革

役所は変わらなければいけない、このままではいけない、と外からよく言われる。しかし、市役所には、そんなことはわかっている、私は変えようとしているのにうまくいかず苦労している、という公務員は意外に多いのだ。

仕事の改善を提案してみても、「今までこれで問題なくやってきて、このまま進めてどこがいけないのか」と冷たい反応をされる、という話をよく聞いた。

確かに、市の仕事、行政というものは、簡単に変更しない、安定したものであるからこそ、市民の信頼が得られる、ということは事実だ。毎日、毎回、内容も、やり方もその場その場で変わっていたら、それは「変わる」とは言わない。混乱しているのだ。

まだ、私が行革を担当する前のスローガンの一つに、「日々改革をめざす職員になろう」という意味の言葉があったが、個人的には賛同できなかった。日々、改革したら困るでしょう！

しかし、世の中の動きがどんどん変わっているのに、昔始めた施策を漫然と繰り返していてはいけない。社会情勢などの環境の変化があれば、改革・改善は絶対に必要だ。

ところが、これも、話としてはわかっていても、なかなかできない。特に行政では難しい。

行政が予算をつけて実施している事業は、仮に問題はあっても、その内容にあわせて世の中が動いているからだ。役所がムダづかいをしていても、その支出は必ず誰かの収入になっている。これを既得権、利権と言う人もいるが、不当な利益でない限り悪ではない。

行政改革で何かを変えると、その影響は市民や事業者に及ぶ。会社の売上げが落ちるかもしれない。運動会の景品がなくなるかもしれない。内容に差はあっても、影響はいろいろなところに及ぶ。影響を受ける人（ステークホルダー）は、こう言うだろう、今までが間違っていたのか、予算も間違い、議会の議決も間違い、ということか。

改革を進める上では、社会情勢の変化を理由にすることが多い。世の中が変わったのだから、と言えば、過去の判断が誤っていたという必要もない。さらに、改革の影響が大きいときは、開始時期を段階的にしたり、例外を設けたり、ソフトランディングの仕掛けを設ける。面倒くさい？　その通り、役所の改革はとても面倒で時間がかかるのだ。

行政評価で事務事業をひとつずつ点検するうち、行革とは、結局役所の仕事の範囲を決めることだ、と思い至った。つまり、見直し・廃止対象の事業を探し回るより、行政の仕事として本当に必要なもの、止めてはいけないものをまず決めたらどうか、という考え方だ。

そこでできたのが、「公的関与のあり方点検指針」。スタッフと一緒に、文献やら他都市の例を調べてつくった名古屋市のオリジナルだ。公益か私益か、必需的か選択的か、と用語や表現がやや学究的で、実務では使いにくかったかもしれない。しかし、基本的な考え方を整理できたことは、ひとつの成果だったと思う。

73　大学で講義

行政システム部長になって丸一年になるかという平成十四（二〇〇二）年二月、中京大学の小川英次学長が訪ねてみえた。小川先生は、名古屋市の「行財政改革推進懇話会」の座長をお願いしていた碩学だ。それと、個人的には、一九七〇年頃、名大の経済学部で、生産管理論の講義を受けていた。その当時、小川先生は、アメリカから帰国した直後の若い助教授だった。一つ印象に残っているのは、コンビニエンスストアの紹介をしてもらったことだ。

「生活用品を少しずつ用意していて、まあ、よろずやですな。日本に向いているように思います」この話に、学生はみなキョトンとした。何しろ、ダイエーなどの大型スーパーが出店し始めた頃だ。よろずや、とはヘンなことをおっしゃるな、という受け止め方をしたわけだ。

その後のコンビニの隆盛は、さすが小川先生の慧眼かと思うが、その話をしても、先生はあまり覚えていない様子だった。

わざわざ訪ねてみえたのは、中京大学で社会人向けの修士課程を始めるので、講師になってほしいという依頼だった。ビジネスマンにＭＢＡ（経営学修士）の学位をとってもらおうという企画で、行政改革を解説してもらえば良い、ということだった。

年に数時間、平日夜間の講義で、日程は調整できる、と言われると、断る理由もないので、お引き受けすることにした。この日は二月十四日で、先生からチョコレートまでもらってしまった。こちらは、
同じような話は重なるもので、南山大学からも社会人向け大学院の講師依頼が来た。南山大学の総合政策研究の講座で、私を含めて市の政策担当部長三人が講義をすることになった。南山大学の総合政策学部長の亀井孝文さんは公会計研究で何度も会っている知己だ。

話があってから二年後、講義が始まった。最初の講師紹介では、ずいぶん立派な人物になっていて、まさに「汗顔の至り」。大学というところは、やはり権威が大事らしい。私は、そのときすでにポストが変わっていたが、講義内容に困ることはないのでそのまましばらく続けていた。

しかし、平成十九（二〇〇七）年に市民経済局長に異動したのを機会に、私のほうから講師を退くことにした。何かと忙しくなったし、市の退職者のなかに後任の適任者がいたからだ。

「そのまま先生になったら良いのに」

と言ってくれる人もいたが、あまりその気にはなれなかった。

数年間、それも年間十日にも満たない短期間の経験だったが、どうも私は教育者のタイプではないと感じていた。内容を説明したり、方法を教えたりすることはできるが、先生と生徒という関係で引っ張っていくのは違う。ちゃんとした研究実績があるわけでもないから、権威を持とうとしても無理がある。

依頼されたことはだいたい引き受けることにしていたが、ときにはこちらから遠慮することもあるのだ。

74　コンパスとレーダー

社会人向け大学院で講義をするという話が、樋口科学館長の耳に入ったらしい。樋口啓二先生は、名古屋大学名誉教授で雪氷学の権威だが、なごやアジェンダ21や環境政策でも長くお世話になっている方だ。ユーモアのセンスがあって話し上手な樋口先生から、講義をするなら、といろいろアドバイスを受けた。

真っ先に教えられたのが、「学問は態度である」という言葉だ。樋口先生は、寺田寅彦の孫弟子だそうで、「寺田物理学」の影響を受けている。生徒は、教師の学問に打ち込む姿、真理に感動する態度を見て、学問の道に引き込まれる。ワクワクする態度が学問を発展させるのだそうだ。

それから、樋口先生の随筆にあった「羅針盤（コンパス）とレーダー」の話も参考になった。航海をするには、目的地を示すコンパスと、付近の障害物を探るレーダーが必要だが、それぞれ使う場面がある。講義でも同じで、文明論のような大きなテーマで進めるときは、大洋に方位を決めて進む「コンパス型」、環境問題のように、関係する政策や実証データが多いときは、多島海で周囲の状況を判断しながら進む「レーダー型」が良い、という話である。

なるほど、と思って講義に臨んだが、残念ながら、こうしたアドバイスを十分生かす力量がなかった。それに、講義は名古屋市の政策課題や行政改革がテーマで、「ワクワクする態度」で話すことには無理があったのだ。

それでも、会社員がほとんどの受講生に対し、多少とも市行政を理解してもらえたと思うし、こちらも、市民感覚、民間感覚を知ることができた、良い機会だったと思う。

あるとき、公務員の勤務評定制度の話になった。名古屋市では、目標管理制度があって、勤勉手当（ボーナス）の支給額に差がつく。自治体のなかでは進んでいるほうだが、質問が出た。

「名古屋市の勤務評定は、要するに人物評定ですか」

彼女の指摘は、評価項目には「積極性」「責任感」など人柄を評価するものが多く、業績よりも好感度が高いかどうかの評価ではないか、ということだった。

言われてみるとそうかもしれない。項目は、国の指針や関係の参考書をもとにつくったから、公務員の世界では常識的な設定ではある。だが、この指摘は私には新鮮だった。

もう一つのアドバイスだった「コンパスとレーダー」は、仕事の進め方として大いに参考にした。目標に向かって正しい進路を示す「コンパス」と、障害物を避けるよう注意する「レーダー」の双方とも重要なのだが、現実にはレーダー型の仕事をする人が多いように思う。

せっかく船を出したのに、目の前の問題の処理に追われ、とにかく衝突を避けて右往左往するうち、そもそも何処へ行くつもりだったのか、乗組員にもわからなくなっていないか。

船長さんは、コンパスとレーダーの両方をよく見なくちゃ、と言いたい。

75　改革派首長

「改革派首長」が注目を集めるようになったのは、一九九〇年代後半頃からだろうか。公共経営やガバナンスは、世界的に新しい時代に入っていたが、日本でも地方分権改革が進み、首長の権限が大きくなった。その魅力もあったのだろう、国会議員や中央官僚から転身して「改革派首長」をウリにする知事、市長が各地に誕生した。

北川正恭三重県知事の登場は、平成七（一九九五）年で、事務事業の行政評価を推進した。行政改革で人気が出ることは珍しいが、巧みな演説で「三重県はすごい」という評判をとった。自治大学校の同期生が知事の下で行革を担当していたので、「北川県政」をきいてみた。まるで北川さんが乗り移ったかのように、熱っぽく政策を語ってくれた。職員を同志にしてしまう、そのカリスマ性には感心してしまう。一度話す機会があったが、腰の低い人だなあ、という印象だった。

石原慎太郎都知事は、「改革派首長」に入っていないようだが、新しい政策をかなり始めている。行革に関係するものでは、官庁会計に企業会計の要素——バランスシートや資産管理などを取り入れた「東京都モデル」を開発している。石原知事の様子を都職員にきいてみると、通常業務にはほとんど意見を言わず、職員に任せているという。都庁にいることも少ないらしい。

「職員は楽ですよ」と言っていた。

私が親近感をもった知事は片山善博鳥取県知事だ。平成十四（二〇〇二）年、あるセミナーで講師だった片山知事と休憩時間に少し話をして、なるほどと思うことが多かったのだ。

鳥取県では、職員が議員に何か依頼されると、その内容を記録して全庁に回覧する制度をつくっていた。その話から始まって、議会との関係を聞くうち、県議会の本会議質問は、ほとんど知事が一人で答えている、と聞いて名古屋市との違いに驚いた。

「過去は、勉強会といって、幹部が集まり、お恥ずかしいことに、答弁書の原稿を皆でチェックしていた。私が答えるから良い、といって止めました」

恥ずかしい、と言われても我が市ではずっとそうしているのだが、と思いつつ、本番で知事が答えられないときは？　ときくと、

「そのときは担当部長に振ります。それができる人を部長にしていますから」

それから、議会で異論が出たら、ひとまず継続審議にしてもらえば良い、という考えらしい。国会で修羅場を経験してきたキャリア官僚の感覚かもしれない。

職場に戻って、片山知事の話をしたら、困った知事ですね、という声が多かった。知事が自由に答弁し、あとはキミ答えなさい、と振られたらたまったものではない。継続審議でも良いなんて、異論が出ないように根回しするのが普通なのに……。

わが職場では、鳥取県のやりかたを参考にしようという雰囲気は出てこなかった。

現状を変える改革は、突破力のあるトップが現れないと難しいようだ。

76　道路清掃事件

名古屋市で局長級職員の逮捕は三例ある。平成四（一九九二）年の農政緑地局長、平成七（一九九五）年の建築局次長、そして平成十五（二〇〇三）年の緑政土木局長だ。市幹部の逮捕は、大変な衝撃だが、衝撃を受けて呆然としているわけにはいかない。日々の仕事は動いている。不祥事が起きると市民の関心も高いが、多くの職場には仕事上の影響があって、一般職員も苦労することが多い。

職員不祥事の窓口は職員部だから、このときの職員部長、つまり私なのだが、いきなり台風の目のなかに飛び込んだ心境だった。暴風雨のなか、状況をよく見て、緊張して動かなければいけない。

何年に一回かの大事件に遭遇するのは、偶然でしかない。なんで私のときに、とぼやく人もいるが、そういうことは思わないほうが良い。これも仕事、今はこれが仕事、と取り組むだけ。また、こういうときにはスタッフに恵まれているのが不思議といえば不思議だ。事件のことを想定して、人を集めていたわけでもないのに、それこそ適材が揃っている。これも偶然だろうか。

事件の対象は、道路清掃事業だった。検察が描いた「ストーリー」は、こうである。

……入札の予定価格が市から漏れ、談合に使われていた。業者から賄賂をもらった政治家が、幹部職員に圧力をかけ、局長から順に指示があって係長が価格を漏らした……

結果的に、この「ストーリー」は、刑事裁判で局長と部長の無罪が確定して、検察の敗北に終わるが、検察は、この「ストーリー」を前提に動き、その「信念」を変えなかった。

まず、市から予定価格が漏れているというニュースを流し、課長と係長を逮捕。しばらくして局長と部長を逮捕した。容疑は「価格漏洩の指示」。マスコミが、なぜ局長が談合を助ける指示をしたのか、何か動かす力があったのか？　と思わせぶりに報道した後、市会議員が逮捕された。容疑は、件の清掃業者からの賄賂だという。そう、これで、業者→政治家→幹部職員→担当課長→業者という線がつながった、としたわけだ。

しかし、幹部職員（局長と部長）が、政治家からの圧力もないし、部下に指示もしていないと全面否認、一方の検察側には証拠らしきものがなく、目論見は完全に否定されてしまった。

ところで、この事件を手掛けたのは名古屋地検特捜部だ。不祥事の際に県警の動きを多少知っている者にとって、地検特捜部の態度は並外れていた。何しろ、顔を見たら全て犯人扱い、高圧的だ。何か質問すると、隠す気か、あんたも来てもらうぞ、ともうメチャクチャ。捕まえた者は悪いヤツかもしれないが、市役所の仕事を止める権利などないはずだ。協力を求めるときの常識を知らないのだ。事情通によれば、彼らは正義感オンリーで純粋なのだというが……。

事件全体も、わかりにくくなった。局長と部長は頑張って無罪になったが、その他被告人にされた課長、係長、議員、それに業者は早い段階で容疑を認め、有罪が確定している。もし全員が否認して頑張っていたらどうなったのだろう。頑張れない理由があったのか。どうもわからないところだ。

77 入院

十月二十一日の課長逮捕以来、地検は一週おきに行動を起こしてきた。十一月四日は局長と部長、十八日には名東区のW市会議員が逮捕された。その二週間後の十二月二日、逮捕はなかったが、新聞朝刊に「W議員、人事口利き、市はいいなり」の記事が載る。何を言っているんだ、と面白くない。勝手に話を膨らませているのではないか。

午後七時くらいだったか、職場で書類の整理をしていたら、飲み仲間から誘いの電話があった。気分転換のつもりで居酒屋へ行くと、仲間たちは、もうできあがっていた。ビールだけ付き合い、早めに帰ることにした。地下鉄の栄駅まで歩き、ホームで電車を待っていたら、急に酔いが回ってきた。あー気持ち悪いな、と我慢していたら……大丈夫ですか、と誰かに体を揺さぶられた。ホームに寝ているようだ。頭から血が出ているのに眠くてしかたない。

「救急車呼びますよ」と言われ、はあ、と答えて、また眠ってしまった。脳震盪を起こしていたらしい。救急車で高岳の病院に運ばれ、検査と治療を受けるうち意識が戻った。七針縫ったが、ケガだけで内部に異常はなし、ただし一か月後に再検査すること、と言われ帰宅した。

危ないところだった。もし線路側に落ちていたら電車にひかれて即死だったかもしれない。市の職員部長が地下鉄に飛び込み？　そんな騒ぎを想像するだけで寒気がする。

傷のほうは治ったが、頭蓋の中は悪いパターンになっていた。年末の頃から、左耳の奥がつまったような、妙な感じが気になっていたが、正月明けのＣＴ検査で、「慢性硬膜下血種」という病名をもらった。頭部に強い衝撃があった後、頭蓋に血が溜まっているらしい。放っておくと脳を圧迫して、障害が出る、と脅かされる。治療は、頭蓋に穴をあけて血を抜くのだという。

人事異動の大切な時期で、入院は困るな、と思いつつ、健康管理センターの所長に相談した。所長は、東市民病院（現在の名市大東部医療センター）の名誉院長を兼ねる重鎮だ。それはいかん、直ぐ手術しなさい、と強く言われ、反論の余地なく、その日の夕方に東市民病院の手術を手配されてしまった。

手術は、説明通りで、頭蓋に穴を開け、溜まった血を抜く。約二時間の手術で、二百ccの血液が出たらしい。部分麻酔なので、手術中のガチャガチャ音と、麻酔がきれた後の猛烈な痛さが記憶に残っている。再発の可能性をきいたら、何％かはあるが、もし再発したら、また手術してあげますよ、と明るい調子で言われた。脳外科手術のなかでは難しくない部類だそうだ。

経過は順調で、二週間で退院することができた。自分の油断で始まった入院で、家族にも、職場にも迷惑をかけたが、ほんとうによく面倒をみてもらった。感謝に耐えない、とはこのことだ。

見舞いに来られた中京大学の小川学長が言われた。

「神様が、まだ生きていなさい、と言っておられるのでしょう」

78　提言委員会

慢性硬膜下血腫の手術後の経過は良好で、二週間で退院、三日間自宅療養して職場に復帰できた。もう一月の終わりだから、人事異動案は私抜きでほぼできあがっていた。自分がいなくても仕事は回るんだ、と改めて実感したものだ。

手術の前にスキンヘッドにされていたから、休み明けの挨拶で顔を見せると、皆一様に驚いた顔をした。地下鉄で転倒、ケガをした話、頭にドリルで穴を開ける手術の話……。話題には事欠かない。難しい話をしてまた頭に血が溜まっては困るから、と気を遣ってくれるのが有り難い。

復帰してしばらくは疲労感があったが、慌ただしく動いているうち、体力も回復してきた。忙しくて、体調の心配をする暇がなくて良かったのかもしれない。

道路清掃事件は、逮捕された全員が起訴され、公判を待っている状態だった。事件を受けて、再発防止策を検討するのは当然のことだが、今回のケースは簡単ではなかった。

事件の中心人物とされて逮捕・起訴された局長と部長はそろって無罪を主張していた。それまでの汚職事件では、被告人が容疑を認めた時点で免職処分にし、事件の背景をもとに、再発防止策を検討していたのだが、そのパターンを使うわけにいかない。

裁判の判決は先になりそうだった（一審判決は三年後、無罪確定はさらに一年半後）。

しかし現実に入札談合という事件はあったし、議員からの様々な要望があることも事実だ。そうした状況のなかで再発防止策を検討することになった。

そこで出てきたのが、「職員倫理条例」と「要望事項の情報公開」。

「職員倫理条例」は、モラルをうたう訓示的な部分と、利害関係者と接触した場合の報告規定からできていて、国家公務員倫理法にならったものだ。「要望事項の情報公開」は、議会との適切な関係を意識したもので、利害関係者からの要望・働きかけを記録し、公表しようというものだ。利害関係者といっても、ターゲットは議員だ。

再発防止の案は、外部有識者がメンバーの「公正職務執行提言委員会」の提言に拠っている。提言委員会は公開で、内容はその都度報道されていたが、議会から反発の声が出始めた。市民のナマの声を聞いて行政に要望するのは議員の仕事だ、「ドブ板」で働くのが議員だ、という主張だ。

しかし、提言委員会の見解は「それは自治法に定めた議員の職務ではない」。記録は、不当かどうか区分けが難しいので「全て記録」という提言になった。提言はよく吟味されたものだったが、多くの議員には不満だったろう。しかし、これは行政側が決めて実行することなのだ。

二月議会では、まず職員倫理条例を提案、要望事項の情報公開制度は次の議会までに案を練ることにした。ところが、いや、当然というべきか、職員倫理条例にも議会は難色を示した。

議会運営も新しい局面になってきた。そう、この平成十六（二〇〇四）年二月議会はガチンコ議会だったのだ。

79　ガチンコ議会

「ガチンコ」は相撲界の言葉だ。辞書には、八百長の反対、真剣勝負の意、とある。平成十六(二〇〇四)年二月議会は、質問に立つ議員から「ガチンコでいきます」という発言が多かった。わざわざ八百長じゃない、と断らなくてもよいのだが、真剣にやるという意味と理解しておこう。

発端は、市長が「議会とは適切な緊張関係であるべき」と言い出したことによる。調整が済んだ後の質疑は、無難なやりとりが大半で、質問、答弁とも事前に原稿ができていることが多い。確かに緊張感はないし、議員と当局がなれ合いだという批判も出ていた。

それなら、と議員のほうも議会人の血が騒いだか、質疑は、すべて事前の答弁調整をしない「ガチンコ」でいくことになった。かつて、名古屋ボストン美術館の質疑も「ガチンコ」だったが、多少の打ち合せはしていた。今度は、議場のぶっつけ本番でいくというから大変である。

「ガチンコ」は外から見るほうは面白いだろう。ハプニングもあって目が離せない。

二月議会は、例年、次年度予算を審議する予算議会だ。道路清掃事件をうけて、職員倫理条例も提案されていたが、メインはやはり平成十六年度当初予算案だ。そして、予算と関連して重要な議案が提案されていた。敬老パス有料化の議案だ。

それまで「六十五歳からバス・地下鉄は無料で乗り放題」だった敬老パスを、所得に応じた負担金方式にする改正案だ。本山市政発足と同時に始まった制度だから約三十年ぶりの改正だ。原案では、一万円、五千円、千円の三段階になっていた。

審議する委員会は異例の長時間、市長も出席して質疑が続いた。議論は、福祉の理念から財政問題まで幅広く、独自に住民アンケートをとって発表する議員もいた。

審議の結果、上限一万円を引き下げる修正案が通り、負担金は五千円、三千円、千円の三段階で決着した。金額変更は歳入予算に影響するので、予算案も修正された。名古屋市で当初予算案が修正議決されたのは二十二年ぶりだった。

この流れを眺めていた、議会対策のベテランは、「調整していないのか」と感想を漏らした。この程度の修正なら、当局が事前の根回しで解決できただろう、そうしたら修正されることなく「市長も恥をかかずにすんだ」ということらしい。

しかし、報道側からの見方は好意的だった。改正案を「ガチンコ」で出したおかげで、原点から議論ができたし、金額修正というところに落ち着いた。オープンな議論ができて良かったではないか、という見方だ。

ところが、市側も、議会側も、「ガチンコ」はほどほどにしようという空気になっていた。事前に質疑の打ち合わせをしないと議論が深まらない、という理由だ。それで、徐々に事前調整が復活し、数年で大体元の予定調和の世界に戻ってしまった。

80　適性職務サポート制度

ガチンコ議会のもうひとつの焦点、職員倫理条例はどうなったか。

市側の感覚では、条例の対象は職員だから、いろいろ意見はあっても議会は反対しないだろう、と思っていた。ところが、時期尚早、効果が不明、等々の意見が出てすんなり通してくれない。

各会派の意向がまとまらず、継続審議になりそうだという情報が入ってきた。私は、それならそれで良いと思った。以前聞いた鳥取県知事の言葉「揉めたら継続審議で良い」が頭にあったし、議会の先送りで職員が困るわけではない、と私なりに思ったのだ。部下たちの意見も同じだった。

しかしトップ周辺の考えは違っていた。条件がついても良いから四月に公布したいと折衝が続き、結果的に付帯決議がついて可決された。付帯決議は、施行にあたっては議会の意見をよく聞くこと、という内容だった。

さて、いよいよ新年度に入り、残された宿題「要望事項の記録・公表」の検討が始まった。

この検討は、コンプライアンス確立のため、職員部に新設された「監察室」の初仕事になった。

他の自治体の例も参考にして、条例や規則ではなく、要綱で実施することにした。要綱の名称は「適正職務サポート制度」といった。

この名称は、表現をぼかしただけで、実際の内容は「議員口利きの記録・公表制度」だ。

付帯決議のこともあるので、主だった議員に新制度の内容説明に歩いた。これは議員の活動を封じるものだ、市民のナマの声を伝える日常活動を否定するのか、という話を繰り返し聞かされた。そうした活動に無縁の人もいて、実態を知って驚いた、と言う議員もいた。

有力議員のなかに、絶対反対だ、認めんという人がいた。やるなら勝手にしろ、しかし私が反対だということは覚えておけ、と最後は捨てゼリフをもらった。

もちろんやりとりは上司に報告した。もうお前の顔を見たくないと言われました、と伝えた。よく頑張ったね、と褒めてもらえると思ったら、これは私が甘かった。それはいかん、と、またトップ周辺が動いて、相当緩やかな運用をする約束をして「認めてもらった」。

要綱は、行政側のいわば手引き書だ。議員さんに認めてもらうスジのものではないのだが。

新制度を実施する監察室は前途多難とみて、メンバーに集まってもらった。倫理、コンプライアンスについて基本的な話をしたあと、西郷隆盛「南州遺訓」の一節を紹介した。

「道を行く者は……」は私の好きな箇所で、「正しい道を行くと艱難（困難）にあう、それは正しい道を行く証しであるから、それを自覚し、ますます正しい道を行きなさい」という意味のものだ。

そして、私も一緒に仕事をさせてもらう、という意味で話した。

「監察室は室長以下七人、つまり七人の侍だ。しかし映画の『七人の侍』では、二人を除いて後は死んでしまう。それは良くないので、私がメンバーに入って、八人の侍ということにしよう」

81　パーティの忠告

平成十七（二〇〇五）年四月、契約監理監に昇任した。ずいぶんカタい職名だが、それもそのはず、これは、二年前の道路清掃事件の再発防止のための新設ポストで、これから契約はしっかり監理するぞ、という意図がこめられていたのだ。

仕組みからいうと、各部局が行う契約——工事の契約や物品の売買など——に関しては、契約監理監に一元管理して、最終責任者になるということだ。従って、契約書に書く市の代表者は、それまでの市長から、契約監理監の私の名前に変わった。責任重大だ。何かあったら、悪いのは市長ではなくて、私になってしまう。友人からは「昇任かもしれないが大変なところでお気の毒」と言われたものだ。

しかし、新しい仕事、未知の分野という魅力はある。職場のメンバーもほとんどが初対面で、新鮮な気持ちで仕事に臨んだ。

半ば好奇心から、新しい知識を吸収するのを楽しんでいたが、「好奇心が強いと、危険な目にあう」というのは、おとぎ話でもよくあるパターンだから注意しなくてはいけない。

市内の建設業団体の年次総会に出かけて行った。

どの業種にも業界団体というのがあるが、建設業界はすそ野が広く、団体加入者も多い。会の目的は、会員相互の親睦だが、政治家や官庁に陳情する圧力団体でもある。日本社会伝統の「お付き合い」であり、「世間の空気を知る」ためにはやはり必要らしい。

行ってみたら、相手がちょっと驚いた顔をした。

「おみえになると思わなかった」

招待状を出しても、無視されることが多いらしい。

一瞬、好奇心が昂じて、危険なところに来てしまったか、と思ったが、せっかく来たのだからと様子を見ていた。

いろいろな人と名刺交換して挨拶するうち、新しい建設技術の話が面白くて話していたら、役員の一人がそばへ来て耳打ちしてくれた。

「同じ人と長く話さないほうが良いですよ」

そうだ、周りが見ていることを注意しなくては。遠くから見ている人は、話の内容なんか聞こえない。ただ、契約監理監は、あの会社の社長と長い間話し込んでいた、という話だけが残って、あらぬ憶測につながりかねない。

ある有名政治家は、自分の名刺を意識して大勢にバラまくらしい。自分の名刺が思わぬところから出て来ても、「さあて、誰にでも渡していますから」とトボけられるから、というのだ。国政を動かす人と、責任は大きいといってもたかが市の担当者、影響力は比較にならないが、これも参考になる話だ。

82　競争入札のはなし

行政改革で縁のできた国際公会計学会（中部部会）の勉強会には、よく顔を出していた。メンバーは、研究者、学生のほかに公認会計士、税理士、公務員など実務畑の者が多く、テーマも「A市立病院の経営改善」とか「B市水道事業の分析」など実例がふんだんに出てくる。仕事にも関連するが、さらに知識が広がるのが魅力で参加していた。

何か発表してくださいと言われて、契約監理監になって自分でも勉強中だった「公契約」についてまとめてみることにした。

役所の契約事務といえば、談合、入札妨害など何か怪しげな世界、不正の温床のようにみられている割に、制度の内容はあまり知られていない。以前は問題のあった仕組みもずいぶん改善されてきたし、入札情報なども公開されるようになったが、こうしたことも知られていないようだ。

勉強会では、法令で決まっている契約の方法やその運用の実態を説明し、競争入札の課題を述べた。私の問題提起は、「契約は競争入札が原則なのに、実態は指名競争や随意契約が多い。何か事件があると、原則に戻せ、というのに実態は変わらないのは何故か、変えられないのは何故か」ということだった。

これは、請負契約に特有の問題なのである。土地や物品のように、すでにあるもの、完成品を買うときのように、値段だけでは判断できないのだ。工事や委託は、契約後に仕事が始まるから、値段以外の要素――実績や信用など――の評価が必要になる。これがずっと入札の課題になっているのだ。

発表後、論文にすることをすすめられた。参考文献など調べなおして補強し、論文の形に仕上げた。学会にいる審査員のチェックが入ったので、「査読つき」である。

入札制度の文献を調べているうち、面白い発見をした。

現在の会計制度が形になったのは、明治二十二(一八八九)年の会計法からで、そのときの条文には、「契約は入札」とだけあって、「指名競争」も「随意契約」も全く規定がない。地方のルールは「市町村制」といい、ここでは入札以外の方法は議会の同意が必要、という意味の規定がある。ところが、国には例外規定が全くない。どうしていたのか。

戦前の官僚には「勅令」という切り札があった。法律を補足するルールは官僚がつくるが、それを勅令といった。「この工事は○○に発注する――御名」という勅令の記録が多く残っている。国会や法律に関係なく、官僚が決定して、天皇名で実行する、まさに「天皇の官僚」というわけだ。

さすがに、法体系上まずいと思ったか、大正になってから、指名競争入札や随意契約の規定が入った改正が行われている。

戦後、勅令は政令と名を変え、「天皇の官僚」は「公務員」に変わった。しかし、工事発注はじめ公契約は長い歴史がある。凡庸な論文だったが、文献を調べる過程でほかの知識も増え、いろいろ考えることができたのは収穫だった。

83　大事なところに行く

平成十八（二〇〇六）年四月の新聞に、拉致被害者家族会の横田夫妻が米国ブッシュ大統領に面会したという記事が載った。面会は、横田夫妻が長女のめぐみさんはじめ拉致被害者の救出を大統領に訴えるためだ。大統領は理解を示し、訴えを実現すると約束したのだが、私が注目したのは、面会の冒頭に交わされた会話だ。

横田さんが「大変お忙しいなか、時間を割いていただきありがとうございます」と挨拶すると、大統領は、「人間の尊厳と自由について話せないほど忙しくありません」と答えたというのだ。

素晴らしい発言だが、何だかブッシュらしくないような気がした。

ブッシュ大統領は、第43代の大統領で、同じファーストネームの父親が第41代大統領だったので、小ブッシュ、あるいはジュニアという呼び名で区別されている。この人は、実は言い間違いや記憶違いの多い人で、それを皮肉った映画もあるくらいだ。

そんな話を聞いていたので、この冒頭の素晴らしい受け答えは、あれ、ブッシュさんも良いことをいうな、と思ったものだが、似たような言葉を前に聞いたことを思い出した。

それは、平成九（一九九七）年十一月、名古屋で気候変動国際会議を開いたときだ。

京都でＣＯＰ３が開催される直前で、条約事務局長だったクタヤールさんが、京都会議の準備の合間をぬって名古屋にやってきた。京都から新幹線でピストン移動する行動力の人で、名古屋でも力強いスピーチをしてもらったが、そのスピーチの前の人物紹介の場面だ。

司会者の「クタヤールさん、大変お忙しいなかを駆けつけていただきました」という紹介に、

「ご心配なく。私は、どこかへ行くときに自分が忙しいかどうかでは決めません。行くことが大事なことかどうかで決めます。いま、私は自分が大事だと思うところへやってきました」

すごい拍手が起こった。

この光景、話を思い出したのだ。この種の言い方は、国際社会では慣用句のようになっているのかもしれない。ブッシュ大統領でも言うのだからきっとそうなのだ。

私もマネしてやろうと思ったが、ピッタリのチャンスはあまりなくて、自分の異動挨拶のときに一回使ってみた記憶がある。女性団体の代表者のところに顔を出したときだ。

「挨拶に行くところがたくさんあって大変でしょう」と言われたので、

「いいえ、大事なところだけにしていますから」と答えてみた。

ほめてもらえるほどの反応はなかったが、悪い言い方ではなかったと思っている。

拉致被害者家族会…北朝鮮による拉致被害者家族連絡会

ＣＯＰ３…国際連合気候変動枠組み条約第３回締約国会議

84　デザイン博覧会のその後

平成十九（二〇〇七）年、最高裁は「世界デザイン博覧会の赤字隠し」として提訴されていた住民訴訟の上告を棄却した。これで、西尾元市長らに約十億円の返還を求めていた市民団体の敗訴が確定、平成二（一九九〇）年の提訴から長い十七年だった。

世界デザイン博覧会は、平成元年、名古屋市の市制百周年事業記念として開催された。博覧会のテーマは、「ひと・夢・デザイン――都市が奏でるシンフォニー」、白鳥、名古屋城、名古屋港の三会場で入場者は延べ千五百万人を超える盛況だった。百周年を迎えた都市は全国で三十七あり、記念イベントは各地で行われたが、名古屋の博覧会は、八億円の黒字を計上、「最も成功した地方博」として評価された。

ところが、収入に計上された約十億円の中身は展示物の売却代金で、このほとんど全部を名古屋市と市の関係団体が購入していた。これを市民団体が「赤字隠し」とみて住民訴訟を起こした。市長らは、博覧会の赤字補填のため、市に無駄な支出をさせた、という主張で、裁判では、売買契約の有効性が争点となった。一審、二審では市長側が敗訴したが、最高裁で差し戻しとなり、売買は有効で必要だった、という最終結果が出て落着した。

裁判には勝ったが、住民訴訟の対応に追われたことで、せっかくの博覧会の成果に陰りが出たように見えたのは仕方がないことだ。展示品の処分、購入を急いで黒字決算を計上したことが裏目に出た、という見方もある。博覧会会場を彩った斬新なデザインの物品だったから、市が買うことに問題はなかったはずだ。しかし住民訴訟を起こされた。

もっとゆっくり仕事をしていれば良かったのか、とも思う。迅速な精算と黒字決算が、お役所仕事らしくないと思われたのか。市役所の仕事は遅く、イベントはどうせ赤字だろう、という世間の先入観にあわなかったのか。

それはさておき、平成元年は、金山総合駅の整備、地下鉄桜通線開通、東山スカイタワーの完成など、市制百周年の名古屋は本当に元気だった。なかでも、デザイン博は大勢の市民に喜ばれた「出来の良いイベント」だった。

この年、名古屋市はデザイン都市宣言を行い、「大いなる田舎・名古屋」を変えるキーワードに「デザイン」を位置づけた。平成四（一九九二）年にはナディアパークに国際デザインセンターが開業、その数年後、市立大学芸術工学部に二つのデザイン学科が設置された。街灯、バス停、案内標識のサインなどが新しいデザインになり、街の風景が変わり始めた。都心にデザイン専門学校や工房が立ち並び、国の内外からデザインを学ぶ若者が大勢集まってきた。これがデザイン博覧会後、十年くらいの間の名古屋だった。

平成二十年、名古屋市はユネスコの「創造都市ネットワーク・デザイン分野」の加盟認定を受けた。世界では、「名古屋はデザインのまち」なのだ。もっとアピールしたらどうか。

85　市民経済局

市民経済局は平成十二（二〇〇〇）年の局再編で、市民局と経済局が合併してできた局だが、ふたつの局の関係性が薄く、一緒にする意味がわかりにくい、という声が多かった。

合併後の局の名称は四文字が多かったが、しばらくすると、縮めて呼ぶようになっていった。健康福祉局は「健福《けんぷく》」、住宅都市局は「住都《じゅうと》」という具合だ。ところが市民経済局は省略形が使われなかった。時々「市民経《しみんけい》」という言葉も聞いたが、定着したのだろうか。一体になっていない象徴的な現象かもしれない。

その市民経済局長を拝命したのは、平成十九（二〇〇七）年だった。私は局ができてから五人目の局長だったが、局長を経験した先輩からは『五目飯』みたいな局」と言われた。

それはある意味では本当で、局が受け持つ仕事の種類がやたら多い。量とか質とかの前に、種類が多い。順に並べると、区（戸籍・住民登録など）、交通安全、広聴、情報、文化、観光、人権、産業、商業、消費、流通、勤労……。これは本庁で、出先に、名古屋城、工業研究所、卸売市場などがある。外部団体も多い。それぞれのセクションは、独立して仕事をすることが多く、職員も慣れた職場で長年働いている。これを評して、多民族国家だという人もいた。

五目飯、多民族国家でも良いが、何か統一した局のイメージを描けないものか、『わたしのいる局は〇〇をする局です』と言えるものが欲しい。局のアイデンティティと言っても良い。いろいろ考えた末、以前あった「活き！　生き！　イキ！」のスローガンをもとに思いついたのが、「元気を広げる局」。

市民経済局の「顧客」は、元気に活動している市民や団体だ。ウチの局の仕事は、市民や団体がもっと元気に活動できるようにすることだ、と職員に話すようにした。

できるだけ、職員と接したい、仲良くしたい、と思って、懇親会も頻繁にセットした。飲食より懇親が目的、生活習慣になっていくのはオジサンのパターンなのだが。

係長の忘年会に声がかかったので出かけた。百人規模の大パーティだ。

何か面白いことをしよう、とアトラクションに「みんなが選ぶ今年の市民経済局十大ニュース」を提案した。提案というより命令かな。あらかじめ部単位で数点の候補ニュースを出してもらい、当日会場で投票、集計結果をパーティの最後に発表して盛り上げようという趣向だった。

「愛知勤労会館の行方」のように新聞紙上を賑わしたものに加えて、職場のナマの声もあった。

「苦情の面談、長時間記録更新」は、長時間の苦情に対応した仲間への敬意が感じられる。

「十年ぶりに委員会資料要求」には苦笑だ。ここ十年間、資料要求のない課だったのだ。

五目飯のような局で忙しく働くのもおもしろかったが、その後、河村市長の考えもあってか、局は分裂。令和二（二〇二〇）年からは、スポーツ市民局、経済局、観光文化交流局の三つになった。合併前は二つだったのに。

86　買物の理由

観光地の土産物店では、何かを買うようにしている。その土地の名産を土産に買って帰るのはよくあることだが、特に土産にするようなものがなくても、何かを買う、店に入った以上、手ぶらでは帰らないようにしようと決めている。といっても、たいしたものを買うわけでもない。絵はがきだったり、ペット飲料だったり、絶対というわけではないが、なるべく何かを買う。

そういうことを始めたのは、ある夏、滝の名所へドライブに行ったときからだ。滝の近くの売店は古い木造で、いかにもさびれた、いつ廃業してもおかしくないような雰囲気に見えた。とても買うものはないな、と思ったとき、急に、子どもの頃読んだ本の一場面を思い出した。

その本は『ニルスのふしぎな旅』で、テレビアニメにもなった名作童話だ。いたずら者のニルスが渡り鳥と旅をしながら成長していくお話だが、そのなかに「海底の町」という章があった。

海辺の町で、ニルスは、いろいろな商店から品物を買ってください、と懇願される。お金がない、と断るが、砂浜に銅貨が転がっていたことを思い出し、すぐに行って、持って帰ってきたら、町の姿がない。夢かと思うニルスに鳥が教える。この町は、昔、罰をうけて海底に沈められたが、百年に一度、一時間だけ姿を現わす。その時間内に誰か買物をしてくれたら、元に戻れるが、今度もダメだったので、また海に沈んだのさ、と。それを聞いてニルスは、ごめんなさい、ぼくが悪いんだ！と激しく泣く。ニルスが、初めて他人のために泣く場面だ。

どういうわけか、滝の名所の近くの売店で、この話を思い出した。それで、何かを買おうと思い、滝の水が入っているというペットボトルを一本買った。売上げ百五十円で、店が持ち直すとは到底思えないが、でも売上げゼロより良いと思うのだ。お客さんが来て、買ってくれた、そのことで、もう商売止めようと思っていたのが、もう少し頑張ろうと思うかもしれない。

そう思ってからは、わずかな買物でも、なるべくしたほうが良いと思って実行している。

こんなこともあった。民芸品の売店が閑散としているので、激励を兼ねて何か買ってあげましょう、と店へ入ったら高価な工芸品が並んでいる。困ったな、あまり高いものは買えないし、と思いながら手頃な値段のものを探した。手造りの菜箸があった。百均でも買えるが、せっかく来たのだから、と買うことにした。これください、と言ったら、お店の奥さんがちょっと驚いた顔をした。何か買う客とは思ってなかったらしい。レジでお金を払っていると、あらあら、さっきまでの閑散は消えて、店の中にお客がずいぶん増えた。私が福の神？ そう思うと気分も悪くない。

市民経済局に勤務するようになって、商店街の祭りやマルシェに顔を出す機会が増えた。そんなときには、声をかけるだけでなく、つい何かを買ってしまう。

「気をつかわなくて良いですよ」と言ってくれる人がいたが、ご心配なく。人がすることには、その人が持っている理由があるのだ。

87 音楽の魅力

私の趣味は音楽鑑賞だ。演奏までは無理なのでもっぱら聴くほうだ。なかでもワーグナーのオペラ（楽劇）、への傾倒は半端でなく、年に何回か東京やびわ湖ホールの公演を観に行っている（最近はコロナ禍で中断）。俗にいうワグネリアンだ。ワーグナー以外でも音楽はだいたい好きで、クラシック、ポップ、ロック等々、何でも聴く。ハワイアンだけはどうも苦手だが。

市民経済局は、文化も担当しているので、文化系の催事にはなるべく出るようにしていた。催事は夜か休日の開催が多く、出席すると、「お休みのところご苦労様です」と慰労の言葉をもらうことが多かった。私は、むしろ出る機会を喜んでいたのだが、これを仕事、義務と思う人には確かにご苦労様だ。特に音楽は、演奏時間で拘束されるので、苦手な人には辛いだろう。

たくさんの音楽催事に出席するうち、音楽の聴き方、演奏への接し方が変わってきた。演奏を聴いて、上手い、下手という聴き方にはあまり意味がないと、思うようになったのだ。

それまでは、コンサートに行くと、かつてレコードで聴いた名演奏の記憶と比較して、あ、間違えた、あれ、テンポがおかしい、とか勝手に批評していた。これでは、コンサートにケチをつけているだけで、良い聴き方とは言えない。楽しくない。

「演奏家育成塾コンサート」は、市の文化振興事業団とＮＰＯ法人（日本室内楽アカデミー）が共催する、ユニークな演奏会だ。公開レッスン形式で、その場で演奏とそれに対するプロの批評が聞ける。私はこの演奏会で生演奏の魅力を知った。

次々に登場する若手演奏家から、ときどきはっとする素晴らしい音が出ることがある。名演奏家はそれがずっと出せるから、名演奏家なのだ。心地よい音が出る瞬間、胸に響くフレーズを期待して聴いていると、演奏会が楽しくなる。市民経済局でこのコンサートを知って以来、欠かさず聴きに行っている。

先に、音楽は演奏時間で拘束される、と書いたが、これこそが音楽の効用ではないかと思う。音楽が鳴っている間、音の動きも意識しているが、それ以外に、いろんな考えや、情景や、想い出が浮かんだり消えたり……。簡単にいえば、時を忘れる、ということかもしれない。

そういう私も、三十代、四十代の頃はじっくり音楽を聴く機会がなかった。子どもが大きくなっていく頃で、仕事や雑用に追われてワーグナーからも離れていた。

今では生演奏の魅力もよくわかったので、なるべくナマの舞台を見るようにしている。地元で愛知祝祭管弦楽団というワーグナー愛好家の団体も活躍するようになって心強い。今ではワグネリアンを公言してはばからなくなった。

市の先輩に好きな音楽の話をしたら、合点がいった、という顔をされた。

「ワーグナーか。今まで、難しい仕事も平気な顔をしてやっているなあ、と思っていたが、そんな秘密があったのか」

88　リーマンショック

市民経済局二年目の平成二十（二〇〇八）年秋、リーマンショックの影響が名古屋市にも押し寄せてきた。だが、市職員のほとんどは、何が起きたのか、どんな影響があるのか、よくわからなかっただろう。アメリカの住宅ローン？　債券破綻？　とかいわれても、ピンと来ないのも仕方ない。景気悪化から税収減になるには、時間がかかるし、事業部局にいると、資金運用のことには暗いのだ。もっとも個人的に投資していた者には株式の暴落（日経平均は、一か月で一万二千円台から六千円台まで下落）に気が気でなかっただろう。

しかし、一般会計外の様々な積立て基金では、独自の資金運用をしている。債券運用を組み込んでいるところは、時価の急落で大騒ぎになった。さらに暴落を予想し、その前に損を承知で処分するか、もう少し粘って様子をみるか……。結果は、粘ったほうが正解だったのだが、渦中にいるときの判断は難しいものだ。皮肉なことに、証券会社派遣のアドバイザーを置いていたところの損失が多かった。公金を意識して、リスクを回避しようと慎重になりすぎたのか。

市民経済局は、金融支援や雇用対策で急に忙しくなった。通常は議会に無縁の課に、十年ぶりの委員会資料要求が出たのもこのときだ。

もともと名古屋市の中小企業支援は手厚いほうだ。市中銀行より緩い基準の貸付や信用保証の制度も持っている。それに上乗せするように国の支援策が次々に打ち出されてきた。

この「次々に打ち出され」が現場には問題だ。対象の業種が毎週のように追加拡大される。残念ですが対象外です、と断った翌日、対象に追加される、どうして小出しにするのか。申請に来る企業は死活問題だから言い方も荒くなる。圧力団体が優先か、と言われると返事に困る。

現場のグチをきいた直後、高市早苗経済産業副大臣が実情視察にやってきた。県や市とも意見交換したいと言われ、冬の夕方、暗いなかを歩いて中部経済産業局に出かけた。

副大臣が政策を説明し、国もやっているから、地方でも頑張ってほしい、と激励のような督励のような演説をした。何かご意見は？　と言われるが、経産局も県も黙っている。ちょっと迷ったが、聞いたばかりの現場の声を伝えた。

「基準が頻繁に変わって現場は苦労している。変更を小出しにせず、一気にやれないのですか」

高市さん、文字通り目を丸くして聞いていた。何でも自由に言えと言ったが、ほんとに言うヤツが出てきて驚いたのだろう。でもせっかく名古屋まで来たのだから、ナマの声が聞けて良かった、と思いませんか。

麻生内閣がさらなる景気対策として始めたのが「定額給付金」。国民一人に一万二千円（高齢者は二万円）を給付する。支給事務を自治体にするのは良いが、申請から給付までの煩雑な手続きを国が決めてきた。国が決める手続きは、なぜいつも面倒な仕組みになるのだろう。簡単にできると値打ちがないと思っているのか。

89　本丸御殿

平成二十一（二〇〇九）年一月十九日、名古屋城本丸御殿の復元工事着工式が行われた。寒い冬の日だったが、式は無事終了、平成二十九（二〇一七）年の一部公開に向けて一歩を踏み出したわけだ。

何といっても名古屋城は名古屋のシンボルだ。市民の愛着も強い。天守閣は戦後すぐに再建されたが、本丸御殿再建の声も根強かった。御殿は空襲で焼失したが、なかにあった障壁画が奇跡的に守られ、現存していることも大きい。

人形作家の夢童由里子さんらが中心になった「春姫道中」イベントも気運を盛り上げていた。春姫に扮した女性の決めゼリフは「御殿はどこじゃ！」。輿入れしてきたのに御殿がない、早くつくってほしい、という意味だ。

松原市長が本丸御殿に前のめりになってきたのは、愛知万博（平成十七年）前後からのように思う。大きな文化事業に位置づけようという意気込みで、築城のエピソード、障壁画、建築木材（ヒノキ）など、市長自身もよく研究し、その分、復元事業への思いも強まっていったようだ。

さて、式典の打ち合わせでは、市長から、きめの細かい注文が次々に出た。特に、当日の雨対策について質問がたくさん出た。案内は？　動線は？　傘立ては？　これではキリがないと思い、「市長さん、雨は降らないことにしましょう」と言ったら、何？　という顔で睨まれた。

後日、「長谷川局長は『雨は降らせません』と啖呵をきった」と言われたが、それは正確ではない。打ち合わせをほどほどにしたかっただけだ。雨対策くらい担当に任せれば良いのだ。

復元工事には文化庁の許可が必要だ。文化庁は、焼失してしまった御殿の再建より、現存の石垣や隅櫓の保存・管理が優先という考えで、ハードルは予想以上に高かった。それでも奇跡的に残った実測図や記録写真をもとに復元するという説明で何とか許可が下りた。

文化庁は、注文はつけるが資金手当てはしてくれないので、国の資金は歴史まちづくりの事業（国交省）にたよることになった。

本丸御殿の資金計画は、万博の剰余金と国等の補助金プラス寄附金という構造で、寄附集めは難航を覚悟していたが、担当の頑張りで目標をクリアできた。私は大した働きをせずに終わったが、寄附のめどがたった後に、リーマンショックが来たことを思うと、時の運もあったのだろう。

市長が替わり、河村新市長のマニフェストには「本丸御殿はいったん立ち止まる」とあった。

新年度の挨拶で国交省に出向いたとき、事務次官から「本丸御殿どうするんですか」ときかれた。総務局長に替わっていた私は、自分が答えて良いか少し迷ったが、前に出て言った。

「やりますよ。必ずつくります」

次官が、おっ、という顔をし、その後雑談に変わった。

寄附集めではあまり役に立たなかったが、このときの発言で少しは貢献できたか。

90　河村市長登場

平成二十一（二〇〇九）年四月の名古屋市長選挙では、衆議院議員を辞めて立候補した河村たかし氏が、五十一万票という、空前の大量得票で当選した。前市長の松原さんが対立候補の応援をしたが、全く歯が立たず、一蹴されてしまった。どちらも応援などしないで静観していれば良かったのに、と思うが後の祭り、それほど大量得票するとは思っていなかったのか。しかし、松原さんは選挙結果が出る前に、河村新市長誕生を予測していたふしがあった。

四月一日、市長選挙を二十六日に控えて、新年度初の幹部会があった。人事異動もあって、新メンバーが順に挨拶した。総務局長を拝命した私も、よろしく、と言いつつ、総務局は、先頭に立つこともあるし、しんがりを務めることもある、よろしく協力をお願いしたいという意味のことを言った。すると、すかさず市長が「木ノ芽峠の秀吉の心境というところか」と言ってきた。どうも負け戦を意識していたとしか思えない。

しかし、そのときは、まだ、私は河村さんの勝利を疑っていた。

それは、平成十二（二〇〇〇）年の長野県知事選挙と比べていたからだ。このとき当選したのはユニークな言動で話題を呼んだ田中康夫氏（ヤッシー）。これは、同県人の田中秀征氏の解説である。

ヤッシーはアクが強くて、気持ちが悪いという人が多い。しかし、長野県民はこれまでの県政に怒っている。長野五輪（一九九八年）で、未来が良くなる話はウソだった。新幹線と高速道路はできたが、観光客は増えず、逆に若者は東京に行ってしまった。五輪が終わったら、元の貧乏に戻る以上に投資のツケで借金が増えた。騙された、という気持ちだ。

ヤッシーは好きではないが、県政への怒りが田中康夫知事を産んだ。

河村さんも、アクが強いといえば強い。現に「品がないから市長にしたくない」という人もいた（いたように思えた）。長野県みたいに、名古屋市政に市民が怒っているとも思えない。だから、河村さんが勝つことは難しい、と思ったのだが、結果は大外れだった。

河村市政は四月二十八日にスタート、庁舎内にはマニフェストの目玉「減税」「民主主義」の文字が躍った。

河村市長はマニフェスト以外でも、「おもしれえ名古屋にしよみゃあ」という方針で、奇抜とも思えるアイデアがいろいろ出てくる。冗談のように見えても本人はいたって真剣なので、職員は気をつけないといけない。それは、私が退職した後でいろいろ表面化することになる。

新市長となった最初の市議会では、各会派の代表が市長と論戦をしたが、市長は満員の傍聴席からの応援もあって、言いたい放題、独壇場の雰囲気に持ち込むところはさすがである。

そんななかで、緑区のベテランK議員がくぎを刺した。

「市長は『面白い名古屋にする』という。結構なことだが、終わってみたら、面白いのは市長だけだった、とならないようにしてもらいたい」

91　風塵を行く

「風塵」は、風に舞うホコリやチリのことだが、煩わしい俗世間、こまごました雑事の意味でもある。局長の仕事をホコリやチリに例えてはいけないのだろうが、何だかんだと毎日用件が舞い込んでくる。この用件の処理だが、実は、局長はあまり自由な判断ができない。多くの案は部長以下で検討済みだ。何か気がついても、細かいことなら口出ししないほうが良い。逆に、大きな話になると、市長と相談してから、ということになる。市長がすぐ近くにいる分だけ、係長の頃のように「市長のつもり」は難しい。皮肉なものだ。

平成二十一（二〇〇九）年度は、定年退職前の最後の一年間だったが、市長が河村市長に代わった一年目でもあった。とても市役所生活を振りかえっている余裕などない、風塵のなかをあわただしく進んでいく年になった。

仕事が忙しいときは、むしろ仕事以外のことで時間を潰したくなる。飲み会、山歩き、コンサートと、目いっぱい予定を入れていた。そういう遊びの自由時間がないと、起きている間は仕事だけ、という生活になってしまうからだ。それは精神的にきつい。それで、お誘いがあれば、基本的に歓迎し、付き合いに精を出していたが、これは退職最後の年だから、というわけでもない。そういう性分なのだろう。その性分を、最後の一年も続けたということだ。

そうしたなかで、また新しいチャレンジ、詩吟の練習を始めることになった。きっかけは、これも偶然だ。総務局長になる少し前だったが、千種区のU議員と話をした折に漢詩が話題になった。実は、私は漢詩のファンなのだ。好きな詩人は南宋の蘇軾、「前赤壁賦」は長い詩だが暗唱できるし、「春宵一刻値千金……」で始まる「春夜」も好きな詩だ。

「そういう人なら詩吟をやってくださいよ」。U議員が詩吟の会の顧問とは知らなかった。せっかくだから、とカラオケで大声で歌う連中にも声をかけて、六人一緒に会に入れてもらい、詩吟というものを体験することになった。

興味半分で始めたが、れっきとした、お稽古事である。発表会もある。そのときは、歩き方やお辞儀の仕方などの立ち振る舞いも指導してもらったが、こういうことはもっと前に教えてもらえば良かった。詩吟の魅力は大きな声を出せること、伴奏なしでどこでも吟じられることだ。私たちのグループは数年で解散してしまったが、なかなか良い勉強になった。

発表会で、「風塵」が出てくる詩が課題曲になった。夏目漱石作の五言絶句「春日偶成」だ。

（春日偶成）

莫道風塵老　　いうなかれ　風塵に老ゆと
當軒野趣新　　軒に当れば野趣新たなり
竹深鶯乱囀　　竹深うしてウグイス乱れさえずり
清昼臥聴春　　清昼臥して春を聴く

92　気さくな市長さん

河村市長のウリは気さくなことだ。代議士時代から「きさくな〇〇歳」と年齢を毎年変えてキャッチコピーにしている。年を重ねたのであまり言わなくなったな、と思っていたら、令和三（二〇二一）年の市長選挙の選挙公報には「きさくな七二才」とちゃんと同じフレーズが載った。

政治家がいう信念とかスローガンは、本当にその気持ちでいるのか不明なことが多い。行動スタイルもそうだ。河村さんはありのまま振る舞っているように見えるが、ウケを狙ったパフォーマンスが相当入っている。たとえば、名古屋弁。ずいぶん誇張した名古屋弁を何処にいっても使っているが、最初の政治活動を始めた頃、普通に標準語で話していたことは、多くの人が知っている。自転車を使った選挙運動も、お馴染みのスタイルになってしまったので、止められないのではないかと思う。

しかし、気さくという点は、演技ではないようだ。人に対して構える、ということがない。これほど、誰にでも、フランクに接する市長というのは、今までにいなかった。私の知っている限りだが。そのことを実感したのは、河村市長の一年目、平成二十一（二〇〇九）年九月に総務局が実施した市民啓発イベント「カーフリーデー」のときだ。

カーフリー、自動車を使わない実証実験を兼ねたこのイベント、実は、ひどい進行だった。総務局実施といっても、企画担当部門にすべて任せたイベントで、総務局長の私も来賓扱いになっていたが、現場の不手際を見るのは心穏やかではない。

不手際の最大のものは、開会の遅れだ。市長、市会議長、警察署長等、来賓関係者の全員が集合しているのに、会場設営が終わらない。会場に人工芝を敷く作業がなかなか進まない。なぜそんなことを今になってやっているのか。

その間、市長は集まっている市民のなかに入っていって、世間話をしたり、一緒に写真に納まったりしている。市民にサービスしているのか、一緒に遊んでいるのか、とにかく楽しそうにしている。前の市長なら、怒って、帰ってしまったかもしれない場面なのに。

イベントの運営が悪いのは誰の目にも明らかだが、市長が楽しそうに時間を潰してくれたおかげで、他の来賓もあまり嫌な顔をしていない。待たされた市民も、河村さんと写真が撮れて、良かった、という顔をしている。私も、最初、担当に厳しく注意しようと思っていたが、市長のほんわかムードで、どうでも良いような気になってしまった。

気さくな市長も、市役所では職員に難問をぶつけてくる。職員のほうにも理屈があって、論争になると、市長と職員がケンカしている、とメディアに報道される。

そんなとき市民の多くは、「職員は河村さんの言うことを聞けば良いのに」と思うらしい。

気さくな市長、恐るべし。

93　退職

私が河村市長と一緒に仕事をしたのは、平成二十一（二〇〇九）年度の一年間だけだ。定年退職まで残り一年、総務局長として超多忙な日々で、ハードだったが楽しくもあった。

大変な時期にご苦労様、と言われたが、何とかなるものだ。とにかく体はひとつ、あれをやれ、こっちへ来い、と言われても物理的、時間的にできないものはできない。

市長の言動が物議を醸すことは日常茶飯事で、そのたびに各党や議会運営委員会に呼び出されるが、それまでの議会対策とは様相が違っていた。以前なら、市長を出さないよう、当局は抵抗したものだが、議会側も市長に来いとは言わない。もし河村さんがやってくると、また収拾がつかなくなるのは議会側もわかっているので、局長からよく伝えること、で終わることが多かった。ほんとに伝えるのですか、と念押しするのは野暮な話だ。

河村さんが「このために市長になった」とまで言ったマニフェストの目玉は、減税と地域委員会と議会改革の三つで、具体的な政策が出てくるたび、議会は大騒ぎになった。

市長就任一年目は、議会に提案を否決されることが多く、市長は「暴挙だ」とわめくしかなかったが、あきらめるということはなかった（次の年、議会リコール成立）。

でも、河村さんが、新しい政策にこれほどこだわったのはなぜだろう。また、議会はなぜ市長の提案を徹底して嫌うのか。「庶民革命・脱官僚」の背景に何があるのか。

簡単にいうと、「既存勢力の排除」ではないかと思う。河村さんから見ると、議員も、役所も、地域や団体の役員も、邪魔な存在なのだ。市長と市民の間に力のある勢力がいるから、市民は市政に参加できない。すなわち民主主義ではない、という理屈なのだ。減税すると、議員も役所も力を削がれる、地域ボスも消える、こういう狙いだから議会も黙っていられない、ということだと思う。

私は地域委員会には興味を持っていた。地域に任せる予算を組み、地域委員会で使い途を検討してもらう。地域委員会に懐疑的な地元団体も賛成しそうだったので、市長に「うまく進める方法があります」と言ったら、市長は何と言ったか。「それでは面白ない」

どうやら、政治家は、ケンカすることが大事らしい。役人とは違うのだ。

平成二十二年の二月議会は、私の在職中の最後の議会になった。

このときの本会議で、名東区のT議員から「公的関与のあり方」について質問があった。T議員は七年前の「点検指針」のことに触れ、長い間行革に関わってきた思いを語れ、という温かい質問だった。調子に乗って長い答弁をしてしまったが、最後のご愛嬌と許してもらった。

現場の事務屋でスタートした三十七年間の公務員生活は、私にとって悪いものではなかった。仕事を通して多くのことを学び、自分も少しは成長したと思う。

でも終わりではない。次の仕事が待っていた。

Ⅴ　もっと知りたい

94　天下り

いつから、公務員の再就職を天下りというようになってしまったのか。もともと私などが持っていたイメージは、企業や団体の役員を決めるときに、その組織のなかから、つまり生え抜きを登用するのではなく、外から、ポンと持ってくるというものだ。「外から」は、官庁だったり、親会社だったり、メインバンクだったり、その団体に何かの権限をもっているところで、人物評価もあるにはあるが、出身団体の顔をたてる、という仕組みだったと思う。

それが、官庁から民間会社に行くだけで、役員になるわけでもないのに「天下り」という人も出てくるようになった。河村市長の発想はこれに近くて、小学校の教員が退職して公民館の嘱託になると、「天下りだがや」ということになる。

そのような、ある種の混同は別にして、もともとの「天下り」の弊害は「仕事もせずに高い給料をもらう」ことだろう。この批判には、名古屋市は行政改革の一環で少しずつだが、かなりの改革を進めてきた。行先の制限、報酬額の削減、退職金の廃止など、改革の都度、先輩ＯＢからは、「やりすぎ」「国や県に比べると冷遇だ」と苦情をもらったものだ。

そうした改革に関わってきた私が定年になり、再就職のときを迎えた。

退職は、平成二十二（二〇一〇）年三月、再就職先は「みどりの協会」（現在は公益財団法人）だった。名古屋市の公園・緑地の管理を受託する外郭団体である。市の出資額からすると、市基準の外郭団体に数えないのだが、設立の経緯からして、市関連、外郭といってよい団体だ。みどりの協会は、以前は公園緑地協会といって、土木局出身の私にはなじみの深い団体だったから、理事長就任は個人的にも歓迎だった。

しかし、みどりの協会の先行きは厳しかった。市の外郭団体見直しと前後して公益法人改革も始まっていた。簡単にいうと、市から特別の援助はなし、仕事は民間と対等に競争して取ってこい、ということだ。今まであった市からの派遣（出向）職員も引き上げられてしまう。うかうかしていたら、解散もあり得る、ということだ。理事長にはなったが、とても天下りの気分を味わっているわけにはいかない。

でも、それならそれで、本気で経営に取りくむぞ、と別の意味のやる気が出てきた。経営計画を考え、協会のあるべき姿を現場の職員と議論した。私には、それなりに仕事があるほうが良いようだ。

ところがそうでない人たちもいたのだ。天下り気分を夢見ている人たちが。

再就職した同年代の連中と近況を話し合っていると、個室がない、仕事が多い、と不平たらたらの者がいた。冗談まじりにぼやいているのだろうが、そんなにいやだったら、辞めたらどう？　と思う。

95　民間と役人

みどりの協会理事長になって一年目、協会職員の採用試験をすることにした。それまでの採用は公募試験ではなく、個別の面接で採用していたから画期的なことだ。さらに目玉は、部長、所長のような管理職も公募したことで、民間企業出身者の採用を念頭においていた。

行革の一環で、市からの出向者が引き上げられた後、プロパー職員と市の退職者（再就職者）だけで運営することはない、と思ったのだ。

募集を開始したら、メディアも注目してくれた。外郭団体も市の組織と同じように思われているから、民間ＯＢの公募はニュース性があったのだろう。新聞記事が良い宣伝になり、予想以上の応募があった。管理職以外の一般職員のほうも盛況で、試験手続きも大忙しだったが、このときはまだ市の出向者がいてくれたので、まるで市の人事委員会のように抜かりなく採用試験を実施してくれた。おかげで採用試験のノウハウが引き継がれて残り、次年度からは実施もスムースに進んだ。その意味でも良いタイミングだった。

最初の年の民間ＯＢは四人で、百貨店、アパレル、旅行代理店、金融（信販）と、なかなか幅広い業種から採用できた。彼らの持ち込む新しい風に期待したものである。

ある程度予想はしていたが、民間ＯＢが役所的な文化に戸惑うことがよくあったようだ。協会のいちばん大きな収入源は、公園を維持管理する指定管理料だが、それほど利益の出るものではない。むしろ、駐車場、売店、レストランなどの営業収益を改善できれば貴重な財源になる。収益事業の担当になった民間ＯＢはさっそく関係者の会議を開いて、各現場から現状のデータを出すよう依頼した。すると、彼の民間経験からすると信じられないような応答があったという。

「忙しいのに急に言われても困る」

「何の意味があるのか、説明なしでは協力できない」

本部の担当部長が言っているのに、忙しいとか、説明がないとか、しかも「協力」という感覚、役所ではこんな風なんですね、と驚いた顔をしていた。

民間では、上司の命令をきくのが当たり前だが、役所はそうとは限らない。役人が大事にするのは法律や決まり、さらには全体の状況であって、上司の命令より優先度が高いのだ。調査データを出すくらい、すぐやれば良いのに、どうしても習性が出てしまうようだ。

逆に、面白いことに、ホントに民間出身かしら、役人よりかたいぞ、という人もいた。こういう人は、もともと官僚的なタイプで、協会に入ったら、官僚的に働いていいのだ、と思っているのかもしれない。出身を見て先入観を持ってはいけない、いろいろな人がいるのだ。

私としては、すぐ言うことを聞いて実行する民間ＯＢが頼もしかったし、決まり事をきっちりチェックしてくれる市ＯＢも貴重だった。民間でも、役人でも、いろいろな職歴を持った人が、それぞれの得意分野で活躍してもらえば良いのだ。

96　都会のなかの自然

みどりの協会は五年で退職することになった。もう少し勤めたい気持ちはあったが、市の「天下りルール・在職五年」に従うことにした。みどりの協会は外郭団体ではない、と団体としての優遇はないのに、役員のほうは外郭団体ルールで扱う。ヘンだぞ、と言いたいが、頑張ってもしかたない。私も人の子、「お前が言うか」と言われたくない。

協会在職中には、せっかく花や緑に囲まれた環境にいたのに、あまりそれに親しむことがなかった。経営のこと、収益や職員管理のことに時間をかけ過ぎた、と最後になって反省である。

それで、近所の公園で、毎月の自然観察会に参加することにした。愛知県を活動エリアにする団体に登録すると、少し遠方の観察会の案内ももらえる。自然観察に参加する人たちはベテランが多く、知識豊富だ。葉っぱ一枚の観察でもレベルの違いに気後れしてしまうが、それも初めだけ。知らないことを教えてもらうのは有難いことだから、素直にきけば良い。だんだん自分流の観察のスタイルが身について来るから不思議だ。

自然観察活動をするうち、都会のなかにある自然を意識するようになった。都心の一角にある公園で、思いがけないところに生き物を見つけ、生態を知るのも楽しいものだ。

名古屋の都心、伏見の錦通りに面して下園公園があるが、そこで、カラスとトカゲの格闘を見たことがある。ビックリしたが、都心でもその気になれば、その目で見れば、どこにでも生き物はいるのだ。ふつうの公園のどこか土の地面をじーっと見ていると良い。目が慣れてくると何と多くの生き物を発見することか。ただし、それは都会のなかに自然の空間があるおかげだ。とくに緑の多い公園は、季節ごとの自然に触れ合う貴重な空間だ。

どうして都会に公園が必要なのか。

名だたる世界の大都市は、決まってりっぱな公園を持っている。りっぱな公園は、美術館や劇場と同じで、街のシンボルで、街の品格をあらわすものだ。人が都会に集まるのは、働くため、生活のためだ。生活のためには都会に住まざるを得ないが、できれば環境の良い郊外で暮らしたいと思う人も多いだろう。そういう市民たちが都会で気持ち良く住み続けるには、自然を感じ、季節の変化がわかる空間が必要なのだ。それが都市公園の役割だと思う。

最近、都市公園のなかに、新しいオシャレな施設が現れ始めた。カフェ、レストラン、雑貨ショップなど、これまでになかったような良い雰囲気の店が出てきた。野外なのにシャワー付きトイレもできた。公園に人出が増えて、にぎやかになってきたが、自然愛好家から見るといろいろ意見があるところだ。市民に喜ばれるなら、あえて反対する必要はないが、少しは自然の香りを残しておくべきだ、というのが私の意見だ。

97　基礎自治体がおもしろい

平成二十九（二〇一六）年二月に名古屋の東隣、尾張旭市の監査委員に任命された。

前年の暮れに、尾張旭市から、現職の監査委員が急逝したのでその後任を頼みたい、という打診があったとき、これは断れないなと思った。その急逝した監査委員・杉浦雅樹さんは、名古屋市役所で、一緒に仕事をし、公私にわたってお世話になった、長いおつきあいの人だったのだ。

彼のほうが一歳年上だったが、人事異動の度に、お互い前任者になったり、後任者になったり、ほんとに因縁浅からぬ仲だった。その杉浦さんに、おい、またおれの後やってくれ、と言われたような気がして、引き受けることにした。

久しぶりに役所で働くことになったが、働くといっても、毎日出勤する常勤ではなくて、出かけるのは月に数日といったところだ。それでも、一年のうちには、決算審査や毎月の監査ヒアリングがあって、だんだん市全体の様子もわかってきた。

同じ役所ということで、名古屋市と比較して見ることが多いが、尾張旭市で感心するのは、市役所に一歩入ったときの雰囲気が良いことだ。市の規模からすると、尾張旭市役所は名古屋市の区役所に近いが、雰囲気が違う。職員の顔つきが何だか親和的というか、フレンドリーなのだ。

建物のレイアウトにもよるのだろうが、庁舎の中が、明るい感じがする。何といっても、職員が、来庁者に顔を向けて、何か御用ですか、と言いたげなあのムードは名古屋の区役所にはあまりない。それを名古屋市の人に言うと、「処理件数が比較になりませんから」と、ウチは忙しいんだ、とそっけない。どうして、そういう風に考えてしまうのか。

他の、名古屋の周辺市町村に住む人にきいてみても、地元の自治体のほうが名古屋市より感じが良いという声が多い。窓口応対だけでなく、住民サービスという点では、尾張旭に限らず、小さな市のほうが行き届いているようだ。

名古屋市民はそういうことはあまり知らない。大きな都市の魅力は、働く場所があること、繁華街の賑わいや人の集まる施設が揃っていることだから、住民サービスは小さな市町村に負けていても気にならないのかもしれない。逆に、小さな市は、大都市の魅力がない分、きめ細かい住民サービスを工夫しなければいけないということになる。

名古屋市も尾張旭市も、行政の最小単位の「基礎自治体」だ。しかし、名古屋市は県並みの権限を持つ政令市で、市のなかに入れ子のように区を置いているので県と市の中間といっても良い。そこへいくと尾張旭市などは、住民に近いところで行政をする、まさに基礎自治体だ。職員は、行政の最前線の公務員だ。商売でいえば、対面販売の小売業のようなもので、住民の生活実感のなかで働くおもしろさがあるはずだ。

公務員志望の人で、住民の近くで住民に喜ばれる仕事がしたい、という人には、基礎自治体をお勧めしたい。

98　もっと知りたい

職員部長をしていた平成十六（二〇〇四）年頃、西区の日本料理店で少人数の宴会をした。挨拶に出てきた女将さんが、皆に向かって面白い質問をした。

「ご自分の人生を漢字一文字で表すと、どんな字になりますか」

年末に、一年の世相を漢字一文字で表す企画に似ている。食事の最後に答えを聞くという。皆がうーんと考え始めた。飲みすぎにならずに良いかもしれない。

一人ずつ発表のときが来た。一番の年長者が口をきった。

「私は、『愛』だね。結局、愛というものを求めて生きてきたように思う」

照れているが、すごく真面目な話だ。続いて、「信」、「誠」、など、なるほどと思う文字が発表されていく。自分の人生を象徴する文字だからエピソードには事欠かない。遠慮がちだが、多少の自負も入って、なかなか聞かせる話が続いた。

私は迷った。そんなものは簡単に出てこない。この会では、私はいちばん末席にいて、注目される立場ではなかった。最後に順番が回ってきたが、その頃は、発表した人同士の話がはずんでいたので、さあ、なんでしょう、と言ってグズグズしているうち、会はお開きになった。

その後、この「漢字一文字」が気になってしまい、時々考えていた。

私の人生を表す、象徴的な文字は何だろう。

質問のあった宴会からほぼ十年後の平成二十四年の秋、家族の許しをもらって琵琶湖周辺の一人旅に出た。移動はＪＲ在来線を使ったが、この途中に「漢字一文字」が閃いた。

その文字は、「知」。

これまで、いつも、何か新しいことを知ろうとしていた、知りたがった。職場が変わって、新しい仕事になると、さあ、新しいことを勉強できるぞ、と嬉しくなったものだ。

その反面、取り組んではあきらめ、やりだしては途中で終わってしまったものも数限りない。よく思ったものだ、やっているときは、あーあと十年早く始めていればなあ。止めてしまった後では、あーもう少し続けていればなあ、と。

しかし、悪いことではないように思う。もっと早くやればよかった、と悔やむことはない。新しいことを知る楽しみがまだいっぱいあるということなのだから。

人間以外の生物は、体の成長が止まると、子どもをつくって世の中から去っていく。生きている意味がないからだ。人間は、体だけでなく、知識でも成長しようとする。

私の知識欲も人間の本性みたいなものだと思って、これからも遠慮なく「もっと知りたい」を続けることにしよう。そういうわけで、私の人生を表す漢字一文字は、「知」である。

99　あせらず　あわてず　あきらめず

次の世代の人に、伝えたい言葉があるかと問われると、さあ、皆さんに共通していえる言葉は難しいなと思う。

振り返ってみると、先輩にもらったアドバイスはあまり役に立たなかった。真面目に聞いていなかった？　そうかもしれないが、やはり置かれた状況、環境が違うし、先輩と私の行動パターンの違いもあっただろう。

後輩に向かって、これを参考にしろ、という言葉はないが、以前から自分自身に言い聞かせている言葉がある。

あせらず　あわてず　あきらめず

何かに似ている？

それはその通りで、小泉行革のスローガン「恐れず、ひるまず、とらわれず」の語調をマネしている。このフレーズを思いついたのは、行革を担当していた平成十四（二〇〇二）年頃で、名古屋市版の行革スローガンを考えているうち、自分用の、カスタマイズ版ができてしまった。あたまの文字が「あ」で始まる頭韻もあって、自分でも悪くないな、と思っている。

「あせらず」と「あわてず」は同じような意味で、あわててドタバタするな、ということだが「あせらず」は気持ちの問題、「あわてず」は行動の問題だ。

たとえば、探し物をするとき。それがありそうな場所を片っぱしから探すが、あせって、あわてると、発見できない。同じ場所を、何回も、何回も、繰り返し、繰り返し、引っ掻き回すが、見落としてしまう。冷静に、むしろゆっくりと丁寧に探せば出てくることが多い。

急がば回れ、急ぐときほど、慎重に動け、という教訓もある。急いでいるときは、何度も同じことをする余裕がない。だからこそ、たった一回の機会を大事に、慎重に扱わなければいけない。

あせらず、あわてず、とゆっくりしているだけでも困る。

そこで「あきらめず」。

探し物の例でいえば、探す時間はあと一分しかない、と追い詰められても、あせらず、あわてず、そして最後の一秒まであきらめずに、しぶとく探し続けるのだ。

この言葉を、誰にでも勧めることはできない。なぜなら、もともと私自身を戒める言葉だからだ。私は、何かにつけてあせってしまう、あわて者で、あきらめも早い性質だと思う。そうは見えない、という人がいたとしたら、自分の努力が実っているということだ。

そういう意味で、私とタイプの違う人へのアドバイスは逆効果になるから禁物だ。悠然と構えている人に、あせるな、あわてるな、と言うとどうなるか。もともと頑固な人にあきらめるな、と言うとどうなるか。

アドバイスは、私と同じような考え方、行動パターンの人にだけすることにしよう。

あとがき

退職したら回想録のようなものを書きたい、という気持ちは若いときから漠然と持っていた。持ってはいたが、文字通り気持ちだけ、であって、具体的な準備をしていたわけではない。

いよいよ定年退職となったとき、さて、市役所生活を振り返って本にしよう、と、回想録にとりかかったが、筆は進まず、時は進む、というわけで、こうして形になるまで何と十年以上かかってしまった。

本書は、名古屋市役所で三十七年間働いた地方公務員の思い出話である。

私が関わった仕事や、印象に残っている出来事、それに仕事を通して考えたことなどを99のエピソードにしたものだ。

年寄りの昔話としてご笑覧いただきたいと思っているが、私が表わしたかったのは、役所（と公務員）の実像だった。

世間では、役所の仕組みや公務員の仕事の中味はあまり知られていない。知らないのに、というより、知らないから、というべきか、役所を批判することが多い。役所の側も、言われると、ただこちらが悪いのかと恐れ入ってしまう。民間のほうも、役所のほうも、互いに誤解しているところがある。

最初に採用された新規職員の頃から、私は役所をある種の好奇心で見ていたように思う。面白いところだな、こんな風に仕事をするのか、といった調子だ。なぜそういう見方をしていたのか。

エピソード１「採用」で、留年中にいろいろなアルバイトをして過ごした、と書いたが、実は、本当にいろいろな業種の仕事をしていた。工場の作業員、小売店の店員、測量補助、営業セールス等々。この経験があったおかげで、民間とは違う、公務の世界を興味深く眺めることができたのだろう。

そうした私の態度は、退職までどこかに残っていたと思う。役所では当たり前になっている「しきたり」に、あれ？　どうして？　と思う感覚は最後まで消えなかった。

そんな態度、感覚で仕事をしてきた者の回想録である。私の回想を通して、役所の実像の一端を知ってもらえば、と思う。

本書のタイトルは「市役所ワンダーランド」である。99のエピソードを並べてみると、役所というところは、一言で言い表せない、ふわっと大きくて、不思議な世界といって良いのではないか。

市役所が「ワンダーランド」という感覚は、役所のなかにいるうちは発想しにくいが、外からは、独特の、不思議な世界に見えているはずだ。私も、市役所から離れて十年以上たってから、ようやくそうした感覚を持つようになった。

「ワンダーランド」は、ふつう「不思議な世界」と言うが、魔界や伏魔殿ではない。英語のwonderには、「驚き」「不思議」のほかに、「素晴らしい」「すてき」の意味があることもお忘れなく。

定年退職後、十年以上のブランクの後に書き始めたことについて記しておかなくてはいけない。

思い出話のネタ、材料は揃っていた。

毎年、仕事で愛用していた手帳は、日記も兼ねていて、記憶を辿るのに貴重な資料になる。この手帳が三十冊以上残っている。その他何やかやと書き散らした雑記ノートもある。市関係の資料は、その気になれば市役所や図書館で調べれば良い。材料・資料は十分ある、となると、逆に安心してしまうものだ。

まあ、そのうち、と思っているうち、また時が過ぎていった。

昨年の五月、かつての上司の訃報に接した。その後も、どういうわけか、ゆかりのある先輩何人かの訃報が続いた。時期は前後するが、もっと若い後輩、昔の部下の訃報も届いていた。

しまった、もっと早く本にしておけばよかった、と悔やまれる。

仕事に、アフターファイブに、年齢差をこえて親しくしてもらった人たち……。もし本ができたら、ぜひ読んでもらおうと思っていた人たちだ。本をサカナに、昔を懐かしんだり、いろいろ話をしたりしたかったのに、と残念で仕方ない。

私に残念だという気持ちがあるうちに書き上げよう、そう決心した。

文章を書き進めるうち、面白いことを体験した。

エピソードを書いているのは私なのに、エピソードのほうが生きもののように膨らんでいくのだ。たとえば、藤前干潟の話。書いているうち、内容が膨らんで二つのエピソードになってしまった。高校の恩師まで登場させたのは、お話のほうに私が引っ張られたといって良いかもしれない。

文章を書くのは、正直なところ難しい。話すように書けば良い、とアドバイスをもらったが、簡単ではなかった。しかし、言葉を選んだり、表現を工夫したりするのは、面倒でもそれなりに楽しいものだった。

昔の話なのだから、当時の雰囲気、そのときの私の考え、言動をできるだけそのまま記すようにした。今は違うだろ、と思いながら読んでもらえば、却って昔のことを理解してもらえるかな、と思う次第である。

最後に、本書を手にとって、ここまで読み進めていただいた読者の皆様にお礼を申し上げます。ありがとうございました。

長谷川　博樹（はせがわ　ひろき）
一九四九年生まれ
名古屋大学経済学部経済学科卒業
名古屋市役所勤務（二〇一〇年三月まで）
現在　愛知県尾張旭市監査委員
公益財団法人名古屋市みどりの協会
評議員

装画、扉絵　松井あやか
装丁　小寺剛（リンドバーグ）

市役所ワンダーランド

２０２１年９月９日　初版第１刷　発行
２０２１年10月20日　初版第２刷　発行

著　者　長谷川博樹
発行者　ゆいぽおと
〒４６１－０００１
名古屋市東区泉一丁目15－23
電話　０５２（９５５）８０４６
ファクシミリ　０５２（９５５）８０４７
http://www.yuiport.co.jp/

発行所　ＫＴＣ中央出版
〒１１１－００５１
東京都台東区蔵前二丁目14－14

印刷・製本　亜細亜印刷株式会社

内容に関するお問い合わせ、ご注文などは、
すべて右記ゆいぽおとまでお願いします。
乱丁、落丁本はお取り替えいたします。

ISBN978-4-87758-497-9 C0095